あらすじで読む世界のビジネス名著

The 28
Business
Bibles

総合法令
グローバルタスクフォース 編著

まえがき

●なぜ、あらすじで読む世界のビジネス名著か？

書店に行くと、毎月膨大な数の新刊ビジネス書が出版され、平積みにされています。同じようなテーマでも初心者向けの入門書、テクニック重視のノウハウ本、大学の先生方が読まれるような専門書まで実に多くの本があり、タイトルに惹かれて買ってみたは良いが、一部を除き、「内容が薄い、浅い」、または「新しいメッセージがない」など、まさに玉石混合の世界といえるような状況です。

このような状況の中、気づくことがあります。それは、このような新刊書の渦の中においても、半世紀以上にわたり、時間の流れとはまったく関係なく「定番」として世界中の読者に読み続けられている書籍が存在することです。さらには、同じ著者の本であっても、必ず定番として読み続けられている本が存在します。それはいったいなぜか、そして他の流行本と決定的な違いはどこにあるのか。本書の出版を考えたきっかけは、これらの疑問を解決することでした。

本書は、まさに本の洪水に流されがちな、現場の第一線で活躍中のビジネスパーソンにとって、「この領域を理解するならこの1冊」というバイブル的書籍を提示することを目的としています。本書でピックアップした28タイトルの書籍はすべて、内容の質的にもバランス的にも最高峰といわれるものです。この中の1冊を読んだだけでも、流行本を１００冊読むよりも多くのことを得られるのは間違いありません。しかし、一度読んだだけではそのメッセージを吸収することは不可能なのも事実です。各領域のバイブル1冊につき最低5回は繰り返し読み込むことで、単なる事実や理論の理解にとどまらず、本文に書かれていないことへも「気づき」を広げることができるなど、より多くのリターンを得られるはずです。

●理論的な本は、現実的でないか？

みなさんの中には、「ＭＢＡコースで教えているような著名な教授が書いているから、難し過ぎる」とか、「４００ページを超える分厚い本など、自分にはおそらく理解できないだろう」といった先入観を持つ人もおそらく多いでしょう。しかし、それは残念ながら正しい考えとはいえません。

本書で紹介するバイブルがバイブルたる所以は、「主張が体系的かつ根拠が明確でありながら、それをサポートするための事例が豊富である」ために、結果として分厚くなることが多いのです。つまり、４００ページ超といっても、実際には10ページにも満たないメインの理論や発見、または主張をサポートするために、残りの３９０ページで事例に沿った丁寧な説明がついていることが多いのです。

一方、「理論はわかるが、（この手の本には）どうすれば良いかのハウツーが書かれていない」という批判もあります。しかし、このような批判の半分は、多くのページが割かれている「事例」を理解することで解決することでしょう。つまり、基本的な理論と、そのサポートのために記述されているいくつかの事例に沿って考えれば、自分が直面する場面に応用することができるからです。そして、残り半分に対する答えは存在しません。つまり、数多くの「実務本」と呼ばれる書籍は、ある基本的な設定に基づいて、精度を犠牲にしてテンプレート化したり、理論的な裏づけや体系的な視点を犠牲にして、「わかりやすい」独りよがりの主張を貫いているからです。「そのまま使えて、今日から適応できる答えやテンプレート」などは本来存在しないのです。

●では、どう理論本を活用すべきか

では、本書で紹介する多くのバイブルはどのように活用すべきなのでしょうか。本書ではバーバラ・ミント著の『考える技術・書く技術』という論理的思考の定番書を取り上げていますが、まず、マーケティングや戦略などの各論に入る前に、この論理的思考や概念化思考といったパソコンのＣＰＵ（中央演算処理装置）にあたる「考える力」を早急にブラッシュアップしていくことが必要といえます。実際、この力を身につけるためには本を読むだけでは不十分であり、日々の小さな意思決定をすべてトレーニングと考え、実践していくことが必要です。

同じことを学んでも、それを実務に活かせる人と活かせない人との違いはここにあります。いわゆる「できる人」とは、ある理論を学んで、その理論を様々な前提に当てはめられる能力や身の回りに起きている多くの事実や発見からそれらを抽象化し、汎用的に適応できる理論と、自分で微調整（カスタマイズ）すべき条件を明らかにして現場における実務に落とし込んでいける応用力を持つ人です。たとえば、優秀な経営者と従業員、そして潤沢な資本とブランド、製品力、これらをすべて保有していれば、大抵は成功するという理論（法則）があるとします。しかし、現実の世界では、成功しない場合の方が多いといえます。この原因は何でしょうか？

この問いに対する答えが1つや2つしか出ないとしたら、思考力が足りないといえます。答えは星の数ほど考えられるはずです。高い離職率、権限委譲の欠如、競合の合併、汚職など、挙げてみればきりがありません。

難しいのは、これらはすべて状況により、常に悪い結果を導く要因であるとは限らないということです。離職率が高いといっても、アルバイトやパートタイマーを多用し、現場のコスト管理が企業全体の利益構造の核となっている場合は、常に若いジュニアスタッフの採用を促すことで競争力を維持することが可能です。また、当然スタッフの能力のばらつきが大きく標準化を進めるべきタスクに対しては権限委譲の範囲を弱めることで効率・効果を高める場合もあります。また、競合の合併は自社への他の競合であるリーダー企業からのオファーを促すかもしれません。つまり、ある状況における

1つの法則が、他の状況ではまったく逆の法則になってしまっているように見えることが多いのです。

見えることが多い、ということは、実際はそうではない、ということです。つまり、多くの場合、「不完全な情報」の下で経営の意思決定をしているため、その法則が間違っているのではなく、意思決定するために必要な情報が足りなかったといえるのです。別な言い方をすれば、その法則が成り立つ前提条件を考える努力が足りなかったといえるのです。

海外の主要ビジネススクールで、ケーススタディの正解が存在しないのと同様、理論を暗記することの何百倍も重要なことは、様々な状況を考え、議論をし、不確実な将来に備えていくつかの方向性を設定し、準備をすることなのです。「できない人」はここで「答えのない理論なんて意味がない」と、本に書いてあることしか実行せず、「自分の頭でシミュレートし、考える」ことなく安直なメッセージ本（テンプレート本）を買いつづけ、多くの場合は失敗の原因を考えずに、他のメッセージ本をひたすら読み続けるのです。理論本は自分の頭を使わない限り「意味のない理論本」であり、自分の頭を使えば「どのような状況（条件）においても意味のある実践本」に生まれ変わるのです。

ぜひ、みなさんも本書において、バイブルの世界を垣間見る際、事実や主張、理論の理解だけに留まらず、様々な前提や背景を置き換え、自分なりの発見や主張を持てるように思考力のトレーニングを兼ねて読み進めて下さい。

本書の姉妹書である『ポーター教授「競争の戦略」入門』（総合法令出版）でも明記しましたが、本書で抽出された28冊の世界のビジネス名著や著者のメッセージのすべてを本書1冊で把握することは不可能です。本書はあくまでも世界の経営書のバイブルとして取り上げられる28冊の概要とそれらを自分なりに読解する際のヒントとなるいくつかの視点を提供するガイドに過ぎません。28冊のバイブルにはすべて、感動さえ覚えるほど数々の研究に基づいた記述と詳細な事例、そしてそれらを含有した上で浮かび上がってくる深いメッセージが盛り込まれています。ぜひその真意を理解し、実践させるためにも必ずこれらのバイブルの原著にもチャレンジしてください。すべて日本語版が出版されており、現在も書店で購入することが可能です。

最後に、本書の性格上、用語の1つひとつに注釈をつけるのは困難であり、省略させていただきました。大方のご寛恕をお願いいたします。また、本文中の敬称は略させていただきました。

出版にあたって、貴重な助言をいただきました総合法令出版の代表取締役仁部亨氏、竹下祐治氏、田所陽一氏に感謝いたします。

2004年6月

グローバルタスクフォース株式会社

●本書の構成と使い方

本書では、大きく6つの視点から各バイブルを分析・構成し、その概要をまとめています。

数百ページにもわたる各バイブルの概略を1冊6ページで表現しているため、当然原著に見られるような詳細かつ具体的な事例や記述、そして場面設定を含む細かいストーリーは省かれています。しかし、当然ながら本書の目的はこれらのバイブルを補完するためのガイドであり、バイブルを手にする前の時点で大きな方向性や当該書籍のメッセージの概略を把握することです。

まず、「①キーワード」で当該書籍の理論や主張の関連領域をイメージし、「②バイブル属性」で各マネジメント領域との関係と対象読者層で、広範囲にまたがる議論か、絞られた範囲を深く進められる議論かを把握します。また、「③1分解説」では、なぜ本書がバイブルとして認められたのか、きっかけを含めたその背景を、「④要旨」では著者または著者のまとめに関する主なメッセージを把握し、「⑤読書メモ」では、メッセージをサポートする代表的な事例や数字など個別の発見、主張、分析などを参照し、数百ページにわたる各バイブルの奥深さをサポートします。

最後に「⑥体系マップ」では、目次だけではわからない各章や各理論のつながりと全体の関係、メッセージをツリー状に図解し、マネジメントを学習する上で最も重要な体系的な視野を育んで、本書に記述されたもの以外へ応用するための気づきを養うことを目的としています。

事実や主張、理論の理解だけに留まらず、様々な前提や背景を置き換え、自分なりの発見や主張を持てるように思考力のトレーニングを兼ねて読み進めて下さい。

●本書の対象読者別使用法ガイド

本書の対象は、ビジネスパーソンにとって必要となるマネジメント領域の幅の広さと深さにより、大きく①ジュニアスタッフ層、②ミドルスタッフ層、そして③シニアスタッフ層の３つのグループに分けています。この分類は、書籍を学習するための最適なステップを意味しています。バイブルを活用し、３グループに分類したこの枠組みは、法人企業からの依頼により著者のグローバルタスクフォースが行うカスタマイズ研修で最もニーズがあり、かつ最も効果的な結果（企業満足度）を受けた裏オリジナル研修体系ともいえるプログラムでその実績が実証されているものです。

実際は、これらについて①予習、レベルチェック⇩②個別指導（遠隔）⇩③まとめの集合研修（講義・ケーススタディ）という3ステップにより効果的な学習効果を獲得し、特に世界最大の公式ＭＢＡ組織（グローバルワークプレイス）の日本支部を兼務するグローバルタスクフォースの所属チューター（ＭＢＡ同窓生３００人）を通し、1年を通して個別の課題提出⇩フィードバックのサイクルを続け、「気づきが少ない単なる読書」や「効果の少ない単発の集合研修」ではないプログラムを運営しています。ぜひ読者のみなさんも、読むだけではなく、そこから何が得られて、何に応用できるのか、ということを繰り返しシミュレートできるようにトレーニングをして下さい（※学習効果の上がるトレーニング方法の分析及びサマリーはＷＥＢで公開しています（www.global-taskforce.net）。

①ジュニアスタッフ層

まず、就職を前にした大学生や新入社員、そして入社3～5年程度の若手社員です。このグループには、いわゆるゼネラルマネジメント（ドラッカー『現代の経営』）と論理的思考力（バーバラ・ミント『考える技術・書く技術』）の2冊を挙げています。

②ミドルスタッフ層

いわゆる係長から課長のマネジャー層です。部下をマネージし、チームを率いていくための基礎としてのゼネラルマネジメント（ドラッカー『現代の経営』）と、すべての層が相手とコミュニケートし、提案をし、意思決定をしていくためのベースとなる論理的思考力（バーバラ・ミント『考える技術・書く技術』）に加え、経営に必要な３つの資源「ヒト・モノ・カネ」に関する５つの必須領域と、それらの資源の活用方法にまつわる配分と方向性を決める戦略に関する原典をマスターします。

これらの体系書は難しいと感じる方もいらっしゃると思いますが、これらを学習するＭＢＡ（１年次）の学生の平均年齢は28歳前後といわれています。さらに著名なビジネススクールでもＭＢＡ入学には経営の知識は問わないため（論理的思考など思考力は必須）、多くのＭＢＡにとっては、財務や会計など28歳で初めて体系的な学習を行ってマスターするものです。したがって、これらはパソコンや英語と同様、最低限マスターしておくべき知識（スキル）ととらえ、この体系的な知識を踏まえて更なる応用を活かせるための基礎をこの段階で築いておきたいところです。

③シニアスタッフ層

部長（シニアマネジャー～ディレクター）レベル以上のマネジメント層がマスターすべき書籍を示しています。ジュニアスタッフ層がマスターすべきゼネラルマネジメントや論理的思考、ミドルスタッフ層がマスターすべき経営の各領域に関するバイブルに加え、経営の各領域を更に細分化し、個別の研究やサーベイを中心とした発見や主張をもとにした書籍が含まれます。

このグループ向けの書籍の中には、ミドルスタッフ層向けの書籍よりも読みやすいもの（体系書ではなく、研究に基づいた発見を中心とした読み物）がいくつかあります。逆に言えば、ミドルスタッフ層向けバイブルのほうがはるかに網羅的で、かつ骨のある理論を中心としているはずです。しかし、

●ジュニアスタッフ層向けバイブル

領域	バイブル	
ゼネラルマネジメント	①『現代の経営』	ゼネラルマネジメント必須の体系書
論理的思考	②『考える技術・書く技術』	論理的思考／クリティカルシンキングに関する体系書

●ミドルスタッフ層向けバイブル

領域		バイブル	
経営の3資源	ヒト	①『ハーバードで教える人材戦略』	人的資源管理（HRM）領域全般の体系書
		②『組織行動のマネジメント』	組織行動学（OB）領域全般の体系書
	モノ	③『マーケティング・マネジメント』	マーケティング領域全般の体系書
	カネ	④『企業分析入門』	会計領域全般の体系書
		⑤『企業価値評価』 『コーポレート・ファイナンス』	財務領域全般の体系書
戦　略		⑥『競争の戦略』 『競争優位の戦略』	戦略領域（競争戦略）全般の体系書

●シニアスタッフ層向けバイブル

領域		バイブル	
経営の3資源	ヒト	①『最強組織の法則』	学習する組織をつくるための研究
		②『企業変革力』	組織変革を進めるプロセスに関する研究
		③『コンピテンシー・マネジメントの展開』	人的資源管理の評価基準のひとつに関する研究
	モノ	①『ブランドエクイティ戦略』	マーケティングのブランドに関する研究
		②『サービスマーケティング原理』	サービスに特化したマーケティング研究
		③『顧客ロイヤルティのマネジメント』	マーケティングの顧客ロイヤルティに関する研究
	カネ	①『リスク』	財務の重要な概念であるリスクに関する研究
		②『EVA創造の経営』	企業価値向上の１つの新たな指針に関する研究
		③『ABCマネジメント革命』	管理会計の１つの概念に関する研究
		⑤『決定版リアルオプション』	財務の新たな意思決定方法の１つに関する研究
戦　略		①『ゲーム理論で勝つ経営』	ゲーム理論を活用した協調戦略に関する研究
		②『知識創造企業』	戦略的なナレッジの管理・創造に関する研究
		③『コア・コンピタンス経営』	自社の強みを中心とした戦略に関する研究
		④『ビジョナリーカンパニー』	優れた企業に関する研究
		⑤『戦略バランスト・スコアカード』	財務・会計以外の指標も含む戦略実行ツールに関する研究
技術経営・アントレプレナーシップ		①『イノベーションのジレンマ』	技術経営領域のイノベーションに関する発見
		②『イノベーションへの解』	技術経営領域のイノベーションを作る方法に関する主張
		③『ベンチャー創造の理論と戦略』	起業・ベンチャービジネスに特化した体系

あえてこのような順番をつけているのは、各領域の中でもさらに細分化された研究や面白い事実を中心とした興味深い議論を考える前の段階で、まず多少面白みに欠けたとしても体系的な定番をマスターすることが重要だからです。すぐに各論を深く理解したり、個別戦略を理解したくなる衝動を抑え、このシニアスタッフ層向けに挙げた各書を学ぶ前の段階でしっかりと「体系的なマネメントの理解」を深めることをお薦めしています。まず、基礎となるマネジメントの各領域のそれぞれを体系的に身につけたうえで個別戦略としての名著を読むことで、理解度と現場における応用力が格段に変わることでしょう。

＊注

各バイブル紹介の最初のページ下段「キャリア職位別分類」欄に記載されているマークの意味は以下のとおりです。

◎最もふさわしい学習対象者

●すでにマスターしていることが必須

◌マスターしていることが望ましい

まえがき……1
本書の構成・使い方……6
対象読者別読書ガイド……7

第1章　ゼネラルマネジメント

『新訳　現代の経営』（上・下）（P・F・ドラッカー）……16

第2章　論理的思考

『考える技術・書く技術』（バーバラ・ミント）……24

第3章　技術経営・アントレプレナーシップ

『増補改訂版　イノベーションのジレンマ』（クレイトン・クリステンセン）……32
『イノベーションへの解』（クレイトン・クリステンセンほか）……38
『ベンチャー創造の理論と戦略』（ジェフリー・A・ティモンズ）……44

第4章　ヒト（HR／組織行動）

『ハーバードで教える人材戦略』(M・ビアー+B・スペクターほか)……52
『組織行動のマネジメント』(ステファン・P・ロビンス)……58
『コンピテンシー・マネジメントの展開』(ライル・M・スペンサーほか)……64
『最強組織の法則』(ピーター・M・センゲ)……70
『企業変革力』(ジョン・P・コッター)……76

第5章　モノ(マーケティング)

『コトラーのマーケティング・マネジメント ミレニアム版』(フィリップ・コトラー)……84
『顧客ロイヤルティのマネジメント』(フレデリック・F・ライクヘルド)……90
『サービスマーケティング原理』(クリストファー・ラブロックほか)……96
『ブランド・エクイティ戦略』(D・A・アーカー)……102

第6章　カネ(会計・財務)

『企業分析入門　第2版』(K・G・パレプ+P・M・ヒーリーほか)……110
『企業価値評価』(マッキンゼー・アンド・カンパニー+トム・コープランドほか)……116
『コーポレート・ファイナンス　第6版』(上・下)(リチャード・ブリーリーほか)……122
『ABCマネジメント革命』(R・クーパー+R・S・カプランほか)……128
『EVA創造の経営』(G・ベネット・スチュワート, III)……134

『決定版 リアル・オプション』（トム・コープランドほか）……140
『リスク 神々への反逆』（上・下）（ピーター・バーンスタイン）……146

第7章 戦略

『新訂 競争の戦略』（M・E・ポーター）……154
『競争優位の戦略』（M・E・ポーター）……160
『コア・コンピタンス経営』（ゲイリー・ハメル＋C・K・プラハラード）……166
『知識創造企業』（野中郁次郎＋竹内弘高）……172
『ゲーム理論で勝つ経営』（A・ブランデンバーガー&B・ベイルバフ）……178
『ビジョナリー・カンパニー』（ジェームズ・C・コリンズほか）……184
『キャプランとノートンの戦略バランスト・スコアカード』（ロバート・S・キャプラン＋デビット・P・ノートン）……190

装丁……斉藤よしのぶ
本文デザイン……八木美枝

第1章
ゼネラルマネジメント

『新訳　現代の経営』（上・下）

〝ゼネラルマネジメント必須の体系書〟

『新訳　現代の経営』（上・下）

THE PRACTICE OF MANAGEMENT

P.F.ドラッカー（著）
上田惇生（訳）
ダイヤモンド社　刊（ドラッカー選書３，４）
本体価格　各1553円

◆キーワード◆

① ゼネラルマネジメント
② リーダーシップ
③ 意思決定

機能別分類

ゼネラルマネジメント	◎
論理的思考	
技術経営・アントレプレナーシップ	○
ヒト（ヒューマンリソース・組織行動）	○
モノ（マーケティング）	
カネ（会計・財務）	
戦略	

キャリア職位別分類

初級者	◎
中級者（マネージャー）	●
上級者（シニアマネージャー）	●

1分解説

『エクセレント・カンパニー』の共著者トム・ピーターズをして、「私たちが書いたことはすべて、ドラッカーの『現代の経営』に書かれている」と言わしめた名著。

「経営学の祖」と仰がれるようになったドラッカー経営学の原点であり、経営の入門書として必ず挙げられる1冊。初版は1954年に出版され、「経営を独立した機能としてとらえた世界初の書」として認識されている。第2次大戦後の工業化がますます進んでいく時点ですでに、知識により付加価値を生み出すナレッジワーカー（知識労働者）が求められてくることを予言していた。

それまでにも、エルトン・メイヨーやアンリ・ファヨル、そしてフレデリック・テイラーら経営に関連した領域を扱う学者は存在したが、体系的に経営を1つの専門プロフェッションとしてまとめたのは本書が初めてといわれている。

要旨

序章でマネジメントとは何かについて定義をした上で、その3つの機能（①事業のマネジメント、②経営管理者のマネジメント、③人と組織のマネジメント）を説明し、最後にそれらの統合として、「マネジメントの意思決定」について述べている。

ドラッカーの真髄は、意志の入らない理論ではなく、「共感できる」本質とともにマネジメントの体系を我々に教えてくれることだろう。たとえば、「事業目標」という言葉1つをとっても、単なる事業戦略構築プロセスの1つとして挙げられているだけでなく、この「事業目標」を設定するために〝何か1つの視点だけ〟を設定してしまうことは、「幾多の害毒を流し、多くの人々を誤り導いてきた」と意志の入らない決定に警笛を鳴らしている。「たとえば事業の目標として利益だけを強調することは、経営担当者たちを誤らせ、ついには事業の存続を危うくする事にもなる。利益だけを強調すると、経営担当者たちは往々にして目前の利益のみに意を用いて事業の将来性を無視する」と述べている。

ドラッカーのメッセージによると、たとえばこの目標設定をする際、ただ1つの領域ではなく、以下の8つの領域それぞれについて検討し、体系的にまとまるように目標を立てるのがよいとしている。すなわち、①市場における地位、②革新性、③生産性、④物的資源および財源、⑤収益性、⑥経営担当者の能力と育成、⑦労働者の能力と態度、⑧社会的責任、である。

また、個別の担当者や具体的スケジュールの入らない計画や目標は単なる〝希望的観測〟にすぎないと断言する。目標には担当者やスケジュールが入ってはじめて実現可能な目標になるなど、考えてみると共感するが実際できていないということや、日々理解しているつもりだが確実に実行できていない多くの気づきを与え、読者自身に行動を変革させようというモチベーションを与えてくれる。

冒頭の「経営管理者は事業に命を吹き込むダイナミックな存在である。彼らのリーダーシップなくしては、生産資源は資源にとどまり、生産はなされない」という言葉どおり、現代に溢れる経営理論が空虚に思えるほど、魂の入った経営学を教えてくれるドラッカー経営学の原典といえる。

読書メモ

◆事業の目的として有効な定義はただ1つである。それは、顧客を創造することである。

◆今日企業が必要としているのは、個々人の力と責任に広い領域を与えると同時に、彼らの志や努力に共通の方向を与え、チームワークを打ち立て、個人的目標と共通の利益とを調和せしめるような「経営原理」である。これらのことをよく成し遂げられるのは、目標設定と自己統制とによる経営しかないであろう。

◆どんな愚かな人でも予算を守ることはできる。しかし守るだけの予算をたてられる人はめったにいない。

◆マネジメントは事業体に特有の機関であり、経済的な機関である。組織の活動には、多様な非経済的な成果がある（従業員の幸福、コミュニティへの貢献等）。しかし、経済的成果をあげられないなら、そのマネジメントは失敗である。

◆マネジメントは、①事業のマネジメント、②経営管理者のマネジメント、そして③人と仕事のマネジメントという3つの機能からなる。

第1の機能「事業のマネジメント」

マーケティングとイノベーションによって、顧客を創造する活動。したがって、事業のマネジメントは、官僚的・管理的な仕事ではなく、企業的でなくてはならない。また、環境適応的な仕事ではなく、創造的な仕事でなくてはならない。さらに、マネジメントは業績のみによって評価される意識的な活動でなくてはならない。企業は行っている事業・行うべき事業をうまくマネジメントしなければならない。もちろんその事業は営利、非営利を問わない。

第2の機能「経営管理者のマネジメント」

経営管理者をマネジメントし、人的・物的資源を使って生産的な企業をつくること。企業は、その構成要素である資源の合計よりも大きい存在であり、投入されたものよりも大きいものを産出することのできる有機的存在である。このように資源に変化をもたらすものが、マネジメントなのである。しかも、我々の利用できる様々の資源の中で成長と発展を期待できるものは人間だけであり、したがって経営管理者は企業にとって最も高価な資源なのである。企業は経営管理者のチームを用いて自らマネジメントする。経営管理者のマネジメントは資源を生かすことである。

第3の機能「人と仕事のマネジメント」

企業では仕事が行われる。そして仕事を行うのは、様々な技能を持ち、質の異なる人である。現代のように「知識」が人的資源の中心を占めるようになれば、人とその仕事をマネジメントすることが企業にとって重要なものとなる。

●著者プロフィール

ピーター・F・ドラッカー（Peter F. Drucker）

アメリカのクレアモント大学院大学（ドラッカースクール）教授。1909年ウィーン生まれ。フランクフルト大学卒。1944年にGMよりトップ・マネジメントの研究を委託され、1946年『会社という概念』に結実。著書多数。90才を越えた現在でも教職活動や執筆活動を続けている。

マネジメントの3つの機能 → マネジメントの総合性

(1)事業のマネジメント

第1部　事業をマネジメントする

第4章　シアーズ物語
第5章　事業とは何か
第6章　われわれの事業は何か。何でなければならないか
第7章　事業の目標
第8章　明日の成果のための今日の意思決定
第9章　生産の原理

(2)経営管理者のマネジメント

第2部　経営管理者をマネジメントする

第10章　フォード物語
第11章　目標と自己管理によるマネジメント
第12章　経営管理者はマネジメントする
第13章　組織の文化
第14章　CEOと取締役会
第15章　経営管理者の育成

(3)人と組織のマネジメント

第3部　マネジメントの組織行動

第16章　組織の構造を選ぶ
第17章　組織の構造をつくる
第18章　小企業、大企業、成長企業

第4部　人と仕事のマネジメント

第19章　IBM物語
第20章　人を雇うこと
第21章　人事管理は破産したか
第22章　最高の仕事のための人間組織
第23章　最高の仕事への動機づけ
第24章　経済的次元の問題
第25章　現場管理者
第26章　専門職

マネジメントの意思決定

第5部　経営管理者であることの意味

第27章　経営管理者とその仕事
第28章　意思決定を行うこと
第29章　明日の経営管理者

結論　マネジメントの責任

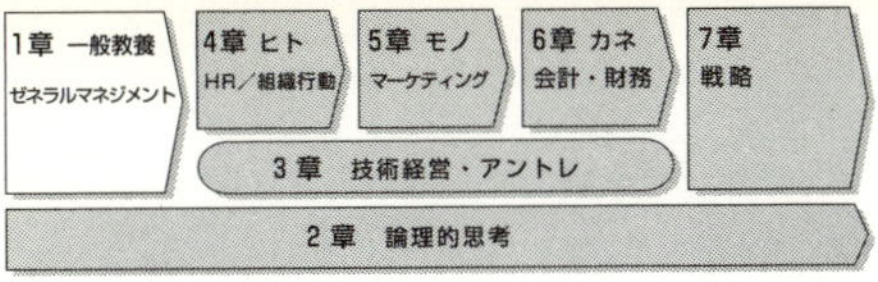

『新訳　現代の経営』（上・下）目次　体系マップ

マネジメントの定義

序論　マネジメントの本質

第1章　マネジメントの役割
第2章　マネジメントの仕事
第3章　マネジメントへの挑戦

企業の3つの側面

①経済的な成果を生み出す機関

②人を雇用、育成し、報酬を与える人間的・社会的組織

③社会やコミュニティに根ざし、公益を考える社会的機関

※序論～第2部……上巻
第3部～結論……下巻

第2章

論理的思考

『考える技術・書く技術』

〝論理的思考／クリティカルシンキングに関する体系書〟

『考える技術・書く技術』

説得力を高めるピラミッド原則

PYRAMID　PRINCIPLE

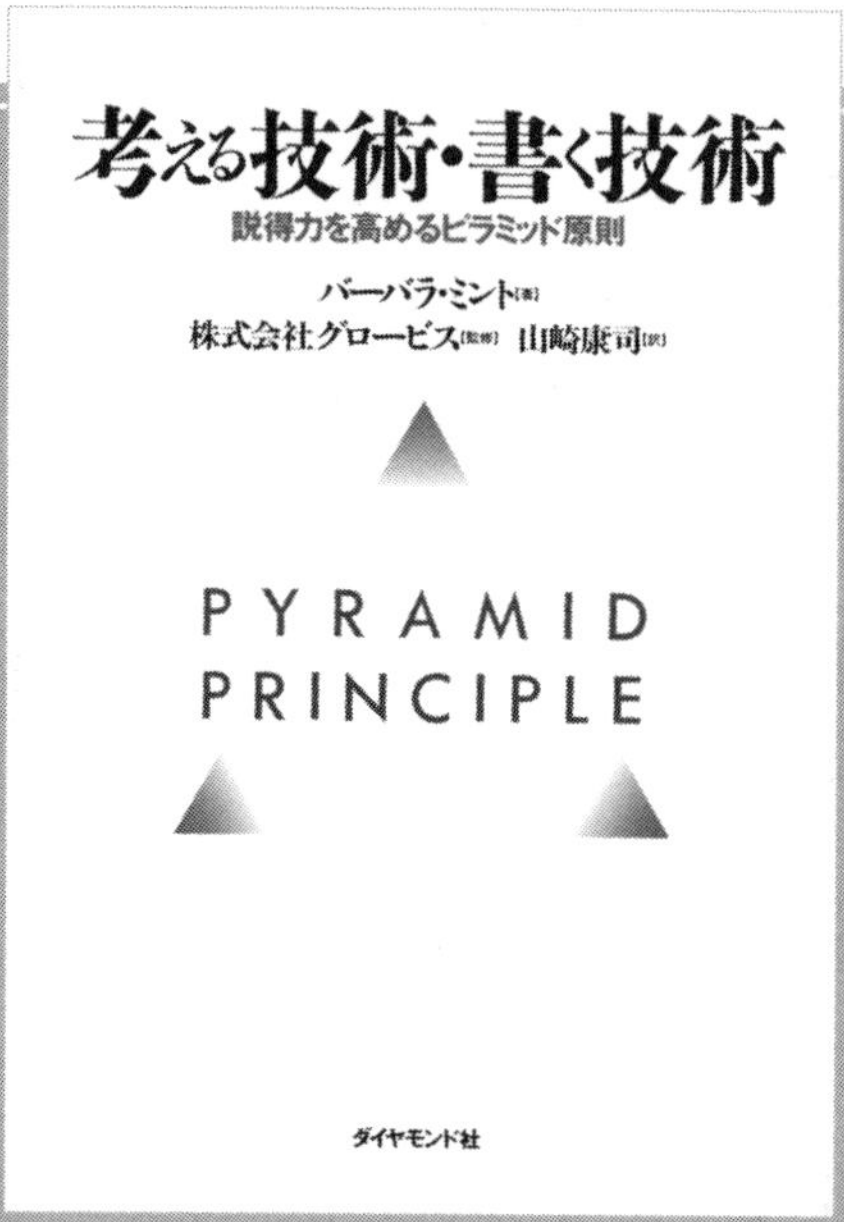

バーバラ・ミント（著）
株式会社グロービス（監修）
山崎康司（訳）
ダイヤモンド社 刊
本体価格 2330円

◆キーワード◆

① ピラミッド構造
② 因果関係
③ MECE
④ ロジックツリー

機能別分類

ゼネラルマネジメント	○
論理的思考	◎
技術経営・アントレプレナーシップ	○
ヒト（ヒューマンリソース・組織行動）	○
モノ（マーケティング）	○
カネ（会計・財務）	○
戦略	○

キャリア職位別分類

初級者	◎
中級者（マネージャー）	●
上級者（シニアマネージャー）	●

1分解説

すべてのビジネスパーソンに不可欠な論理的思考技術のバイブルである。ビジネスパーソンはみな、上司や顧客、部下、同僚などに文章で自分の意見をわかりやすく説明しなければならないが、自分の思い込みとは裏腹に、相手にとって不明瞭であることが多い。

本書は世界最高峰の戦略コンサルティング会社であるマッキンゼー・アンド・カンパニーをはじめとする世界の主要コンサルティング会社でライティングコースを教える著者が、物事を論理立てて述べる独自の文書作成術を披露した本。英語原書の他、イタリア語、ポルトガル語、フランス語、ドイツ語、日本語に翻訳されている定番といえる。

要旨

読み手は頭の中で理解度を深めるために情報を自動的にいくつかのピラミッドの形にグループ化して並び替えている。そのため、事前に与える情報もピラミッド型に配置されていれば読み手の理解する作業は格段に簡単になる。

たとえば、各メッセージは、1つの考えの下にピラミッド構造を構成すべきであるという。つまり、まず全体を要約する考えを述べて、それからこの考えを矛盾なくトップダウン型に配列しピラミッド構造を構成する。実際に文章を作成する際は、ボトムアップで考えることになるが、その構成がピラミッド型になっているかどうかは、以下の3点をチェックすればよい。

①どのレベルであれ、メッセージがその下位グループ群を要約するものであること

②各グループ内のメッセージは、常に同じ種類のものであること

③各グループ内のメッセージは、常に論理的に順序づけられているいうこと

ピラミッドの内部構造は、「主ポイントと補助ポイント間の縦の関係（因果関係）」、「補助ポイント間の横の関係（MECE：モレなくダブリなく）」、「導入部のストーリー展開」である。導入部のストーリー展

開は、「状況」⇩「複雑化」⇩「疑問」⇩「答え」という展開になる。まず読み手が知っている状況を説明し、その状況の中で何かが起こり（複雑化）、それによって読み手は疑問を抱き、あなたの文章が答えを与えるという展開である。

最後に、具体的にこれらを実践する上で、

①「グループ内のメッセージの順序が正しいかどうか」
（時間の順序、構造の順序、序列の順序）

②「問題解決プロセスの具体的根拠は何か」

③「自分の考えについて、その要約メッセージは何か」

④「自分の考えを表現する文章がこれでよいかどうか」

という4つのポイントを常に意識し、チェックをするべきであることを詳しく説明し、本書をまとめている。

読書メモ

◆説明は、常に全体を要約する考えを述べた上で、個々の考えを1つひとつ説明していくべきである。

◆文章が適切になっているかどうかは、どのレベルであれ、

①メッセージはその下位グループ群を要約していること

②各グループ内のメッセージは、常に同じ種類のものであること

③各グループ内のメッセージは、常に論理的に順序付けられていること

という3つの鉄則をチェックすればよい。

◆冒頭の導入部は、読み手がすでに知っていることを物語風に伝えることが重要である。状況を記述して、その中で発生する複雑化を記述し、そこから生じる疑問を記述する。その疑問に対して、本文で答えを与える順序になる。

◆演繹的論法は三段論法の形で表現され、2つの前提から結論が導き出される論証形式である。たとえば、「鳥は空を飛ぶ」→「私は鳥だ」→「私は鳥であるがゆえに空を飛ぶ」という論法である。

◆帰納的論法は、いくつかの異なるものを1つのグループにまとめて、それらの情報から言える意味を概念化するという創造的な頭の働きを必要とする。たとえ

ば、「フランスの戦車がポーランド国境にいる」「ドイツの戦車がポーランド国境にいる」「ロシアの戦車がポーランド国境にいる」→「ポーランドが戦車によって侵略されようとしている」という論法である。

◆グループ内のメッセージは論理的順序に沿って展開される。選択すべき順序は、

①ある結果の原因を特定する（時間の順序）
②全体を部分に分ける（構造の順序）
③類似のもので分類する（序列の順序）

という3つのうちのどれかになる。

◆問題解決のプロセスは、

①問題は何か
②問題はどこにあるのか
③問題はなぜ存在するのか
④問題に対し何ができるか
⑤問題に対し何をすべきか

という5つのステップで行う。

◆要約のメッセージを作るには、自分が作成しようとする記述の種類を考える。その記述は、読み手に何かをせよという行動の記述か、読み手について何かについて説明する状況の記述のいずれかになる。

●著者プロフィール

バーバラ・ミント（Barbara Minto）

アメリカ・オハイオ州クリーブランド出身。ハーバード・ビジネス・スクール卒業後、経営コンサルティング会社マッキンゼー社に初の女性コンサルタントとして入社。文書作成に関する能力が認められ、ロンドン事務所に配属された後、ヨーロッパスタッフのレポート作成指導責任者となった。1973年ミント・インターナショナル・インクを設立。ビジネスマンを対象にピラミッド原則を用いたレポート作成、分析、プレゼンテーションなどの方法を教えている。世界の主要コンサルティング会社、さらにペプシコ、オリベッティ、AT&Tシステム、ユニリーバなどでライティングのコースを教えている。

2.ピラミッド構造の実践

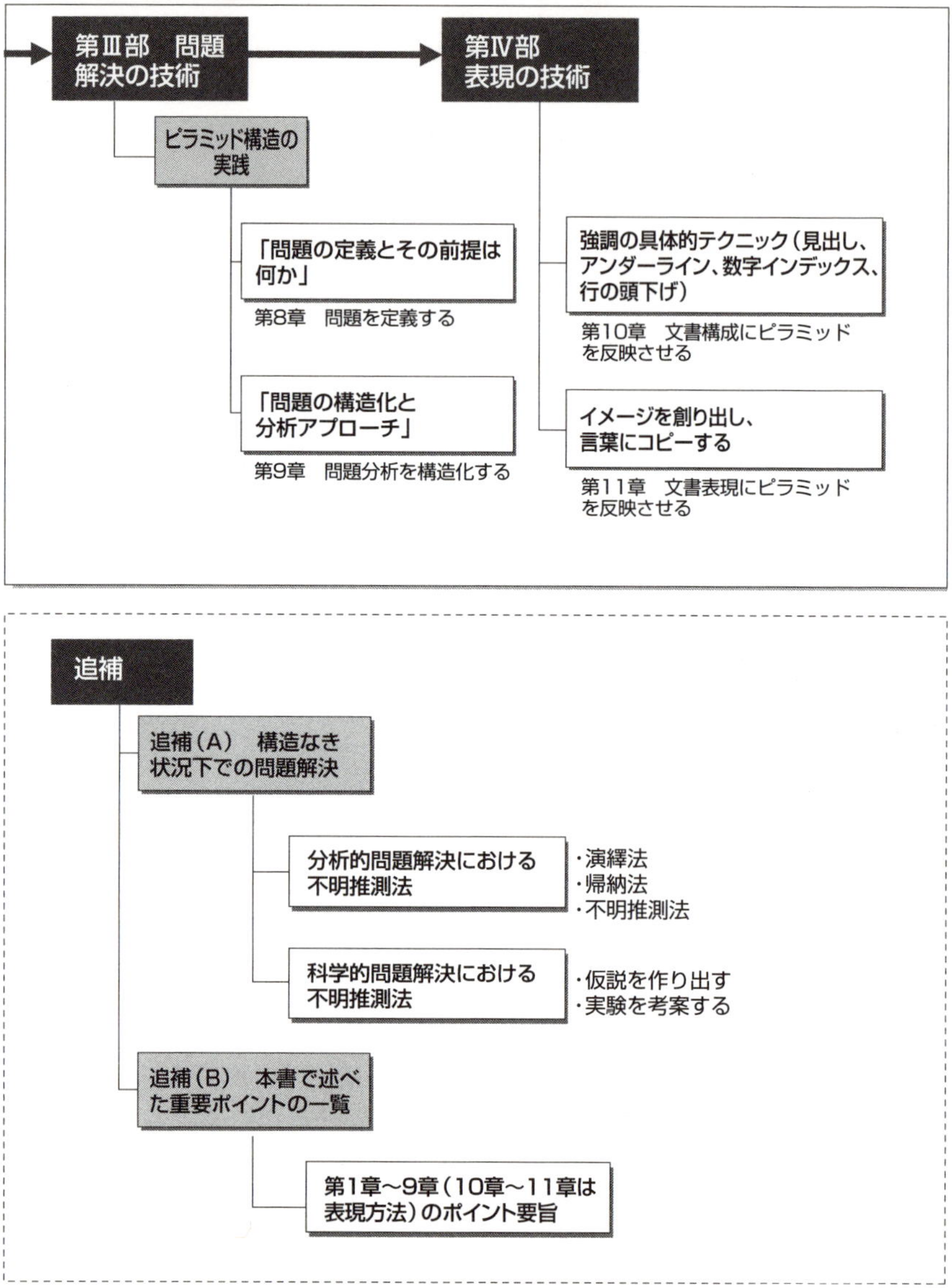

第Ⅲ部　問題解決の技術
第Ⅳ部 表現の技術
ピラミッド構造の実践
「問題の定義とその前提は何か」
第8章　問題を定義する
「問題の構造化と分析アプローチ」
第9章　問題分析を構造化する
強調の具体的テクニック（見出し、アンダーライン、数字インデックス、行の頭下げ）
第10章　文書構成にピラミッドを反映させる
イメージを創り出し、言葉にコピーする
第11章　文書表現にピラミッドを反映させる
追補
追補（A）　構造なき状況下での問題解決
分析的問題解決における不明推測法
・演繹法
・帰納法
・不明推測法
科学的問題解決における不明推測法
・仮説を作り出す
・実験を考案する
追補（B）　本書で述べた重要ポイントの一覧
第1章～9章（10章～11章は表現方法）のポイント要旨

『考える技術・書く技術』目次　体系マップ

1.ピラミッド構造の原理

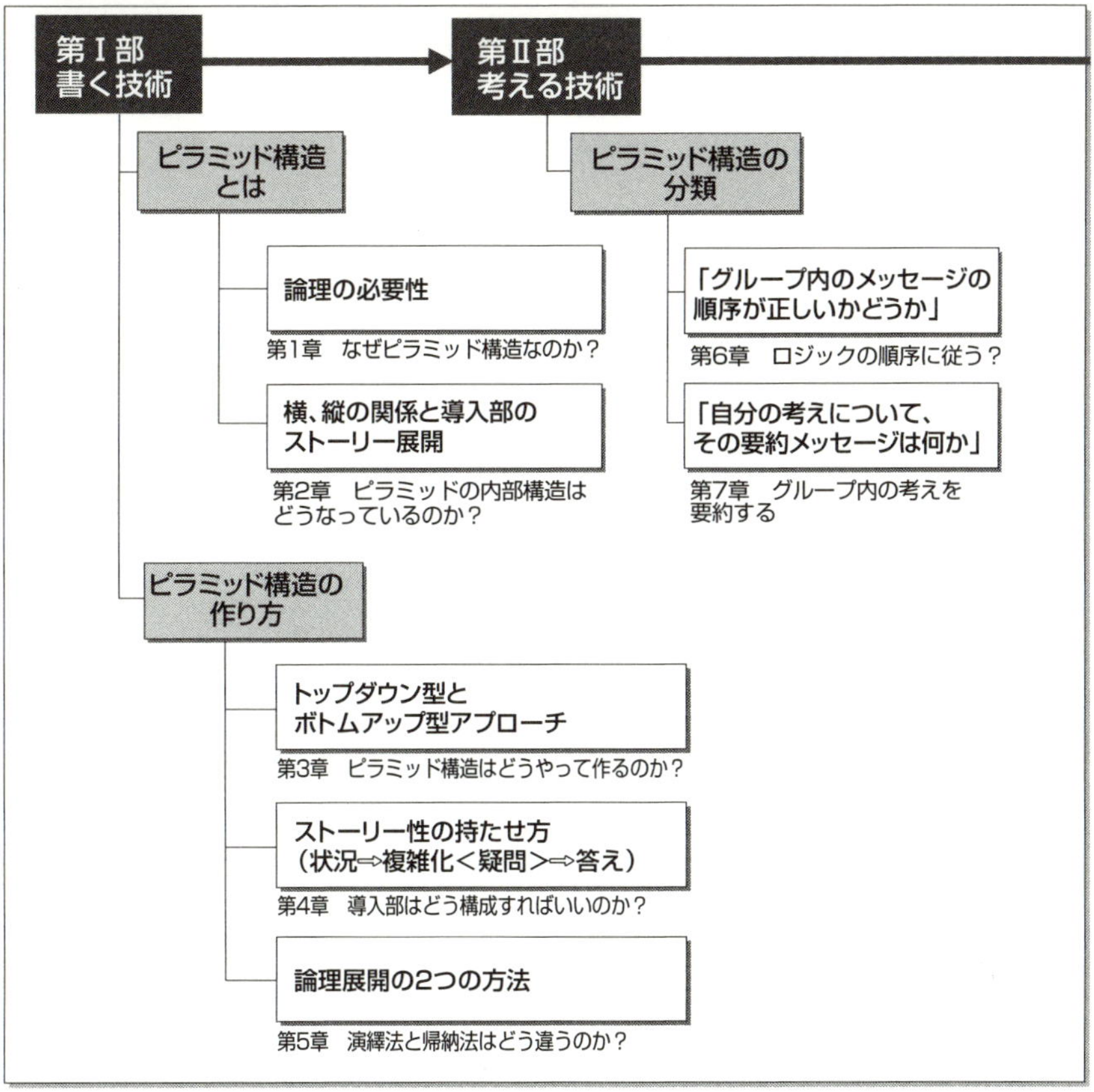
第Ⅰ部
書く技術
ピラミッド構造とは
論理の必要性
第1章　なぜピラミッド構造なのか？
横、縦の関係と導入部のストーリー展開
第2章　ピラミッドの内部構造はどうなっているのか？
ピラミッド構造の作り方
トップダウン型とボトムアップ型アプローチ
第3章　ピラミッド構造はどうやって作るのか？
ストーリー性の持たせ方（状況⇨複雑化＜疑問＞⇨答え）
第4章　導入部はどう構成すればいいのか？
論理展開の2つの方法
第5章　演繹法と帰納法はどう違うのか？
第Ⅱ部
考える技術
ピラミッド構造の分類
「グループ内のメッセージの順序が正しいかどうか」
第6章　ロジックの順序に従う？
「自分の考えについて、その要約メッセージは何か」
第7章　グループ内の考えを要約する

第3章
技術経営・アントレプレナーシップ

『増補改訂版　イノベーションのジレンマ』

『イノベーションへの解』

『ベンチャー創造の理論と戦略』

〝技術経営（MOT）領域のイノベーションに関する発見〟

『増補改訂版 イノベーションのジレンマ』

技術革新が巨大企業を滅ぼすとき

The Innovator's Dilemma

クレイトン・クリステンセン（著）
玉田俊平太（監修）
伊豆原 弓（訳）
翔泳社 刊
本体価格 2000円

◆キーワード◆

① 技術経営（MOT）
② イノベーション
③ アントレプレナー

機能別分類

ゼネラルマネジメント	
論理的思考	
技術経営・アントレプレナーシップ	◎
ヒト（ヒューマンリソース・組織行動）	
モノ（マーケティング）	○
カネ（会計・財務）	
戦略	○

キャリア職位別分類

初級者	◌
中級者（マネージャー）	◌
上級者（シニアマネージャー）	◎

1分解説

市場を一新するほどの革新技術が、市場と企業の序列を破壊的に変えていく経緯と「破壊的イノベーション」によって既存の優良企業が陥る落とし穴について分析した書。「技術版ＭＢＡ」と呼ばれる話題のＭＯＴ（マネジメント・オブ・テクノロジー＝技術経営）のカリキュラムの中で大前提として最重要コンセプトの1つに数えられるイノベーション・マネジメントを理解する上でも必須の名著といえる。

要旨

既存の優良企業は経営上最善を尽くしているが、盲目的な努力が自らの衰退を招いている可能性があるという。つまり、重要顧客の声に耳を傾け、最も収益性の高い分野に投資するという健全な経営手段が通用しない技術革新の存在を説いている。

ハードディスク業界で、ディスクのサイズが最終的に3.5インチへとダウンサイジングが繰り返されるごとに、業界のリーダーが変わっていった事実はあまりにも有名。このとき、リーダーが対応できなかったのは、それぞれの新規格が旧規格に対して「破壊的イノベーション」であったことを意味している。

つまり、機能の改善など既存の技術の品質改良をもとにした製品が必ずしも市場を掴んでいくわけではないという。品質自体は劣っているが、単機能低価格の製品を作る新たな技術（破壊的イノベーション）の登場で、既存の市場が一掃されてしまうことがあり、このような（破壊的）イノベーションは、従来どおりの改善をベースとした企業内での意思決定の仕方では生まれない、と説いている。

安定している優良企業が、破壊的技術に投資できない理由には、次の3点が挙げられる。

①破壊的製品が低価格で利益率が低いこと
②破壊的製品の対象マーケットが小さいこと
③優良企業にとって収益性の高い顧客が破壊的技術を求めないこと

実際、歴史と実績を持つ企業であればあるほど、企業は顧客の意見に注意深く耳を傾け、より収益性を高める高付加価値製品の設計と開発に資源を投入しがちであり、低価格の分野に隙間が生じ、破壊的技術を採用した競合他社が参入する余地を与えてしまう。

本書は、このような破壊的イノベーションを見分け、適応するための視点を与え、そのために優良企業でも対処できない5つの原則を提示している。そして経営者がこれらの原則に従いながら破壊的技術に対処する方法を提示する。

読書メモ

◆DECに代表されるかつての優良企業がトップの座から落ちるのは、競合他社が強くなったためではなく、優位性のなさそうな質の高くないソリューションを提供する新規参入企業が現れたのが原因の1つ。

◆新規参入企業の技術革新が破壊的イノベーションであることに対し、既存の優良企業は普通、顧客のニーズに応えるため、より高機能な商品の開発に絶え間ない努力を続けるといった「持続的イノベーション」（性質が異なる技術革新）で勝負をしている。

◆新規参入企業は低価格帯の市場で一度参入すれば、その後製品を改善してシェアを拡大することが可能で、市場トップの企業を追い落とすこともあり得る。

◆ディスクドライブ市場の例

・当初業界では、14インチ、8インチ、5・25インチ、3.5インチと、ディスク・ドライブの大きさが徐々に小型化していった。

・その過程で、14インチ→8インチ、8インチ→5・25インチ、5・25インチ→3.5インチと主力商品が変わる際、既存の主力メーカーはすべて競争に敗れた。

・主要顧客から要求されていた要件は、①ハードディスク容量、②1MBあたりのコスト、③性能だったが、すべて小型ディスクが劣っており、単価も安く利益率も低かったため、既存の優良企業はこれらを無視した。

・一方、新興企業は、異なるニーズと売り先を探し、結果としてミニコン（8インチ）、中型パソコン（5・25インチ）、小型パソコン／ラップトップ（3.5インチ）という新たな市場で席巻した。

・ところが、一度その市場に参入した途端、徐々に、既存の性能基準（ディスク容量や1MBあたりの価格やアクセス・タイム）を向上させ、上位の市場も奪うことで業界リーダーの座を獲得した。

◆破壊的技術の基準……既存顧客が求める性能とは異なる軸の性能（特性）を持っている（既存顧客以外の層に受け入れられ、その後、既存顧客の求める性能軸に沿って性能を向上させ、上位マーケットへ進出。当初の市場規模は小さい。最終的な用途とメイン顧客がわからない）。

◆持続的技術の基準……技術革新が顧客の求める性能向上軸に沿っている（意思決定プロセスは既存の顧客ニーズに依存）。

◆破壊的イノベーションのマネジメント原則

①プロジェクトを、それが必要な顧客をもつ組織に任せる。
②プロジェクトを、小さな勝利に前向きになれる組織に任せる。
③試行錯誤しながら市場を探せるように、早い段階での大規模投資は避ける。
④既存組織の業務プロセスや価値基準を適応しないようにする。
⑤破壊的製品の特徴が評価される市場を見つけるか、開拓する。

●著者プロフィール

クレイトン・クリステンセン（Clayton Christensen）

ハーバード・ビジネス・スクール教授。ブリガムヤング大学経済学部を最優等で卒業後、オックスフォード大学で経済学修士、ハーバード・ビジネス・スクールでMBAを取得。その後、ボストン・コンサルティング・グループにて、主に製品製造戦略に関するコンサルティングを行いながら、ホワイトハウス・フェローとしてエリザベス・ドール運輸長官を補佐。1984年、マサチューセッツ工科大学（MIT）の教授らとともにセラミック・プロセス・システムズ・コーポレーションを起業し、社長、会長を歴任。1992年、同社を退職し、ハーバード・ビジネス・スクールの博士課程に入学。わずか2年で卒業し、その博士論文は、最優秀学位論文賞、ウィリアム・アバナシー賞、ニューコメン賞、マッキンゼー賞のすべてを受賞する。

第二部
破壊的イノベーションへの対応

①優良企業の資源配分のパターンは、実質的に顧客が支配している。

第五章　破壊的技術はそれを求める顧客を持つ組織に任せる

②小規模な市場は、大企業の成長需要を解決しない。

第六章　組織の規模を市場の規模に合わせる

③破壊的技術の最終的な用途は事前にはわからない。

第七章　新しい成長市場を見いだす

④組織の能力は組織内で働く人材の能力と関係なく、プロセスと価値基準に関係する。

第八章　組織のできること、できないことを評価する方法

⑤技術の供給は市場の需要と一致しないことがある。魅力のない破壊的技術が、大きな価値を生む場合がある。

第九章　供給される性能、市場の需要、製品のライフサイクル

5つの基本原則の適応事例

第十章　破壊的イノベーションのマネジメント

まとめ

第十一章　イノベーションのジレンマ

『イノベーションのジレンマ』目次　体系マップ

第一部 優良企業が失敗する理由

失敗事例の研究（ディスク・ドライブ業界）

第一章　なぜ優良企業が失敗するのか
第二章　バリュー・ネットワークとイノベーションへの刺激

失敗事例の検証（理論が広範囲で有効であることを確認）

第三章　掘削機業界における破壊的イノベーション
第四章　登れるが、降りられない

5つの基本原則

〝技術経営（MOT）領域のイノベーションを作る方法の研究〟

『イノベーションへの解』

利益ある成長に向けて

The Innovator's Solution

クレイトン・クリステンセン
＋マイケル・レイナー（著）
玉田俊平太（監修）
櫻井祐子（訳）
翔泳社 刊
本体価格 2000円

◆キーワード◆

① 技術経営（MOT）
② イノベーション
③ アントレプレナー

機能別分類

ゼネラルマネジメント	
論理的思考	
技術経営・アントレプレナーシップ	◎
ヒト（ヒューマンリソース・組織行動）	
モノ（マーケティング）	○
カネ（会計・財務）	
戦略	○

キャリア職位別分類

初級者	◌
中級者（マネージャー）	◌
上級者（シニアマネージャー）	◎

1分解説

優良企業が持続的な競争優位を築こうと努力する中でイノベーションがはらむ落とし穴を実証した名著『イノベーションのジレンマ』の続編。

前作『イノベーションのジレンマ』は、なぜ優良企業がリーダーの座を渡さなければならない状況があるのか、そしてその優良企業が撃沈していく原因である「破壊的イノベーション」にはなぜ従来の「持続的イノベーション」では勝てないのかについての理由が中心に書かれ、破壊的イノベーションには対抗ではなく適応する術を考えなければならないという重要な示唆を与えた。

一方、本書『イノベーションへの解』はその破壊的な技術革新をいかにマネージすることで新事業を構築し、これまでの優位企業に打ち勝つか、という具体的なメッセージが込められている。技術経営（MOT）、戦略論、アントレプレナー、マーケティングなどの側面について、最新の議論を学ぶことができる。

要旨

タイトル通り、本書『イノベーションへの解』は、『イノベーションのジレンマ』の解決策を論じている。破壊的技術を受け、優良企業が市場を奪われるといった破壊される側に立つのではなく、自らが破壊者となり破壊的イノベーションを起こし、新たな成長事業を作り出そうという「破壊的イノベーションのマネジメント法」を提示している。

つまり既存の市場における競争とその飽和状態の市場環境下での厳しい勝負ではなく、これまでとは異なる視点で新たな需要を喚起し、大きな成長性を含む市場を見出すことができる可能性が大いにある、という前提で説得力のある議論を展開している。

前作『イノベーションのジレンマ』では、なぜこれまでの優良企業が破壊的な技術革新（破壊的イノベーション）を受けて堕ちていったのかについて焦点を当てていたが、今回は、競合企業に勝つためにどのような製品を開発すべきか、その製品をどのような顧客層へ絞り込んでマーケティングを行うべきか、オペレーションから流通までバリューチェーンのどの部分を社内で賄い、また外部へアウトソースするか、といったことについての意思決定を促す説明がある。

著者は、「破壊的イノベーションのマネジメント法」について、戦略が正しいかどうかという内容ではなく、戦略策定のプロセスの活用を重視し、「意図的（deliberate）戦略」と「創発的（emergent）戦略」という、異なる戦略策定のプロセスの活用を促し、その意思決定を行っていく重要性を説いている。

読書メモ

◆戦略そのものではなく、「意図的（deliberate）戦略」と「創発的（emergent）戦略」という、2つの戦略策定プロセスをマネージする必要がある。

◆「意図的（deliberate）戦略」とは、意識的で分析的なもので、データの分析に基づいたトップ・ダウンで実行に移される戦略策定プロセスである。

◆「創発的（emergent）戦略」とは、日常業務を行う従業員から上がってくる戦術的な観点からの戦略策定プロセスである。「意図的戦略」では予測できなかったことを解決することがあり、将来予測が難しく不確実な環境下や、いままで効果的であった戦略が効果的でないと予想されるときに必要となる。

◆従来のマーケティングのセグメンテーション（市場細分化）プロセスは顧客の解決したい最も本質的なニーズを見落としてしまう可能性がある。そのため顧客の「属性」ではなく、むしろ顧客の「状況（用事）」に着目し、状況をベースにした分析で、その状況における製品の真の競合相手を認識し、その上で顧客の「状況（用事）」に応じたニーズに対応させる。

◆ソニーは、消費者が本当は何を片付けようとしているのかという「状況（用事）」を考えることによって電池式小型トランジスタラジオ、ウォークマン、持ち運び可能なソリッドステート白黒テレビなど12の新市場型破壊事業を築いた。

◆いかなるイノベーションも、いつかは必ず「コモディティ（市況品）」化される。しかし、同時に付加価値を生む可能性も生じている。つまりコモディティ化の影響を社内で受けているとき、必ず補完的なプロセス（脱コモディティ化）がバリューチェーンの別の場所で作用し、潜在的に莫大な利益を獲得する機会を生み出している。

◆製品化のスピードは重要である。従来は新型車の設計に5年かかっていたが、現在では2年程度まで短縮されている。顧客の好みに合わせて特徴や機能をカスタマイズできるようにすることも付加価値を生む重要ポイントである。

◆戦略策定における3つのポイント

①組織のコスト構造：価値基準を明確化し、理想顧客からの破壊的製品に対する注文が優先されるように図る

②発見志向計画法：何が有効で何がそうでないかを常に明確化し、学習できるプロセスを用いる。

③意図的、創発的プロセスが各事業の状況に応じて用いられるよう心がける

◆新成長事業は本業が健全な間に、定期的に立ち上げる必要がある。

◆企業が大規模になっても、小さな新規事業の機会とリスクに関する意思決定を容易に行えるよう事業部門を分割し続ける（小規模組織・小リスク・意思決定のしやすさ）。

◆新成長事業の損失は、既存事業の利益で補填しない（早期の利益化が見込める新規事業）。

●著者プロフィール

クレイトン・クリステンセン（**Clayton Christensen**）

前掲『イノベーションのジレンマ』の項参照

マイケル・レイナー（**Michael E. Raynor**）

デロイトのシンクタンク部門、デロイト・リサーチ社ディレクターとして、電気通信、メディア、コンピュータ・ハードウェア、コンピュータ・ソフトウェア、金融サービス、エネルギー、ヘルスケアなどの産業分野にてコンサルティングを行う。またカナダ・オンタリオ州ロンドン市のリチャード・アイヴィー・ビジネススクール教授として、MBAおよび管理者教育プログラムで教鞭をとっている。ハーバード大学から哲学士号、アイヴィー・ビジネススクールから経営学修士号（MBA）、ハーバード・ビジネススクールから経営学博士号（DBA）を取得している。

第二章　最強の競合企業を打ち負かす方法	破壊的イノベーションモデル
第三章　顧客が求める製品とは？	市場の細分化
第四章　自社製品にとって最高の顧客とは？	標的市場の設定
第五章　事業範囲を適切に定める	バリューチェーンの検討
第六章　コモディティ化をいかに回避するか？	バリューチェーンの検討
第七章　破壊的成長能力を持つ組織とは？	破壊的イノベーションに適した組織
第八章　戦略策定プロセスのマネジメント	意思決定プロセス
第九章　良い金もあれば、悪いカネもある。	発展段階に基づく投資の資金源
第十章　新成長の創出における上級役員の役割	マネジメントとリーダーシップ

『イノベーションへの解』目次　体系マップ

成長を生み出すために必要となる9つの意思決定

第一章　成長という至上命令
イノベーションのブラックボックス
（方向づけを行う力は何か）

- ①どうすれば最強の競合に勝てるか？
- ②どのような製品を開発すべきか？（すべきでないか？）
- ③どのような初期顧客が発展性の基盤となるか？
- ④製品設計、生産、販売、流通に必要な活動のどれを社内で行い、どれを提携先や下請けに任せるか？
- ⑤どのようにすれば強力な利益を稼ぐ競争優位を維持できるか？
- ⑥新事業にとって最適な組織形態は何か？
- ⑦必勝戦略の細部を正しく詰めるには？どんなときに柔軟性が重要で、どんな時に柔軟性によって失敗するか？
- ⑧どのような投資が自社にとって有益で、どのような投資が不利益となるのか？
- ⑨成長を維持させるため、上級役員はどのような役割を果たすべきか？

“起業・ベンチャービジネスに特化した体系書”

『ベンチャー創造の理論と戦略』

起業機会探索から資金調達までの実践的方法論

NEW VENTURE CREATION

ジェフリー・A・ティモンズ（著）
千本倖生＋金井信次（訳）
ダイヤモンド社 刊
本体価格 7800円

◆キーワード◆

① アントレプレナー
② 事業計画書

機能別分類

ゼネラルマネジメント	
論理的思考	
技術経営・アントレプレナーシップ	◎
ヒト（ヒューマンリソース・組織行動）	○
モノ（マーケティング）	○
カネ（会計・財務）	○
戦略	○

キャリア職位別分類

初級者	◌
中級者（マネージャー）	◌
上級者（シニアマネージャー）	◎

1分解説

ベンチャー企業が活躍し、新時代を創る先導役を果たすことができれば、新たな経済の成長を成し遂げることができる。したがって、ベンチャー企業を起こすアントレプレナーの存在は非常に重要である。

しかし、1を100にするのと、100を1万にするのとでプロセスが異なるように、中堅企業と大企業の経営は大きく異なる。ましてやゼロから1を創っていかなくてはならないベンチャー経営となると、必要となる能力やルールなどマネジメントを実行する大前提は天と地ほど異なる。

本書は、ベンチャー起業に関する知識と経験の集大成として、世界中のビジネススクールで高く評価されている。膨大なケーススタディが語るベンチャーの歴史、知恵と実践の業績、そして成功の方程式。起業家のみならず、投資家やインキュベーターをはじめ、弁護士、コンサルタントにとっても実践的な解説書である。

要旨

最終的にビジネスプラン（事業計画書）の作成を目指しながらも、そのスタートといえるベンチャー起業機会の評価、経営管理能力とノウハウの評価などのエクササイズや、プラン作成に必要な資源の評価、プラン作成前後における財務戦略と起業後の経営管理など、文字通りベンチャー経営に関して「ゆりかごから墓場」までを網羅した大著といえる。

エクササイズでは、理論に基づいて実際に活用できる詳細なテンプレートが掲載されており、理論だけでなく、実践にもあわせて活用できるなど、起業プロセスを疑似体験できる。

理論と具体的事例やテンプレートが詰まった体系書でありながら、基本的に、「大多数のベンチャー企業は市場から去って行く」、つまり「『失敗は法則』であり、例外ではない」という地に足のついた信念を元に、現実的な視点で展開される。

読書メモ

◆ベンチャービジネスの生存確率は2年で73%、6年で37%、また10年で9%である。

◆アントレプレナーシップ（起業家精神）には思考（論理）と行動様式が重要である。∴「起業機会を適切に捉え、バランスの取れたリーダーシップにより、全体性を持ってアプローチしていく思考（論理）と行動様式をもって、新たな価値を創造すること」

◆起業機会とは単なるアイディアを思いつくことではなく、高付加価値の製品やサービスを顧客に提供するためのプロセスを確立できることである（全技術シーズが起業機会ではない）。

◆革新的技術は起業の成功における必要条件であるが十分条件とはなりえない。ベンチャー起業の中で最も重要なのは創業者と経営チームである。

◆ベンチャー企業の経営チームにとってチームワークは非常に大切であり、チームワークにより他のチームメートの仕事を容易にし、パートナーや主要な構成員からヒーローを生むことができる。

◆高いコミットメントをともなったチームのメンバーは長期的視野に立ち、ベンチャーが一攫千金の儲け話ではないことを承知している。

◆チームのメンバーには、価値の創造を通してパイ自体を大きくすることにより、顧客、仕入業者、チームのさまざまな利害関係者など、すべてに利益をもたらそうとするコミットメントがある。

◆経営チームのメンバーが結束するための、報奨、給与、インセンティブなどの制度は、事業規模にかかわらず企業価値の構築と投資収益に依存する。

◆財務戦略は、ベンチャー企業と起業家の目標、資金ニーズ、利用可能な資金調達方法によって決まるが、資金調達方法は交渉力と資金調達活動の管理能力で決まる。

◆リスクキャピタル調達の意思決定に必要な課題は、外部株主資本の必要性、創業者の外部株主資本に対する考え方、供給資金の源泉である。

◆資金調達の交渉での課題は次の通りである。

①共同売却条項

公開前に投資家が所有株式を譲渡できる……後半投資に参加してきた投資化との利害対立を生み、起業家の資金調達能力を弱める

②反希薄化条項

当初払込価格より低価格で株式譲渡が行われたとき、先行投資した投資家が無償で株式を受け取れる……投資家の観点からは良いが最後の資金調達が価格と取引構造を支配するという現実を無視

③ウォッシュアウトファイナンシング

既存の優先株主が増資（追加投資）に応じない場合、大量の資金調達で全ての投資家、起業家の持分を希薄化。

④強制買収

経営陣が一定の期日までに買い手を見つけられない場合、または公開できない場合、投資家があらかじめ合意された条件で買い手を探せる。

⑤強制公開権

3年から5年の期間の中で投資家が少なくとも1回のIPOを要求できる。

⑥相乗り公開条項

投資家にIPOで株式を売却する権利を与える。通常は株式仲介業者が決定を行う。

⑦優先株式の強制償還

IPOが失敗した場合、強制償還で投資家の優先株式を買い取る義務をつくる。

⑧キーパーソンの保険

会社がキーパーソンの生命保険加入を強制する。受取人は会社か優先株主。

●著者プロフィール

ジェフリー・A・ティモンズ（Jeffry A Timmons）

バブソン・カレッジ教授。ハーバード・ビジネススクールでMBAおよび博士号を取得。ベンチャービジネスおよびアントレプレナーシップの研究に関して、世界的にその業績を高く評価されている。また、ハーバードおよびバブソンでの大学教育、研究活動だけでなく、ベンチャーの創業者・投資家・取締役として、また、さまざまな財団や基金のアドバイザーとして活発な活動を続けている。

→ **ビジネスプランの作成** →

経営資源の活用の仕方とビジネスプランの作成方法

第3部 必要資源

第十章　必要資源
第十一章　ビジネスプランの策定

→ **ビジネスプランの応用と実践**

ベンチャー企業の資金調達とスタートアップ期、急成長期、収穫期における経営戦略

第4部 ベンチャー企業の財務戦略

第十二章　ベンチャーの資金調達
第十三章　リスクキャピタルの調達
第十四章　企業価値の評価と資金調達
第十五章　借入資本の調達

第5部 スタートアップおよびその後

第十六章　急成長の経営管理
第十七章　起業家とベンチャー企業の危機
第十八章　収穫とその彼方に
第十九章　個人的な起業戦略の策定

『ベンチャー創造の理論と戦略』目次 体系マップ

ベンチャー起業機会の評価

潜在的成長率が高い企業機会を
どのように発掘するか

第1部 起業機会

第一章 起業プロセス
第二章 新規事業のアイディア
第三章 起業機会の認識
第四章 起業機会の評価選択

経営管理能力とノウハウの評価

起業家がベンチャー企業の経営
チームをどのように成功へ導くか

第2部 創業経営者

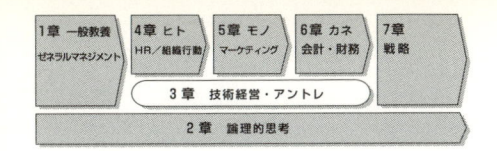

第五章 起業家精神の理論と実践
第六章 起業家的マネジメント
第七章 ベンチャー経営ブーム
第八章 ファミリーベンチャー
第九章 起業家倫理

第4章

ヒト（HR／組織行動）

『ハーバードで教える人材戦略』
『組織行動のマネジメント』
『コンピテンシー・マネジメントの展開』
『最強組織の法則』
『企業変革力』

“人的資源管理（HRM）評価基準に関する体系書”

『ハーバードで教える人材戦略』

ハーバード・ビジネススクールテキスト

MANAGING HUMAN ASSETS

M・ビアー＋B・スペクター＋
P・R・ローレンス＋D・Q・ミルズ＋
R・E・ウォルトン（著）
梅津祐良＋水谷榮二（訳）
生産性出版 刊
本体価格 2500円

◆キーワード◆

① ＨＲＭ（人的資源管理）
② 報償制度、職務制度
③ インフロー、内部的フロー、アウトフロー

機能別分類

ゼネラルマネジメント	○
論理的思考	○
技術経営・アントレプレナーシップ	○
ヒト（ヒューマンリソース・組織行動）	◎
モノ（マーケティング）	
カネ（会計・財務）	
戦略	○

キャリア職位別分類

初級者	◌
中級者（マネージャー）	◎
上級者（シニアマネージャー）	●

1分解説

ハーバードで初めて「人的資源管理（ＨＲＭ：ヒューマン・リソース・マネジメント）」という科目が基礎科目として採用された際の原典。

人と組織の領域では、モチベーションやリーダーシップなどを扱う組織行動学がＭＢＡの基礎科目に入っていたが、それまで昇進制度や報酬制度、教育制度、退職管理制度などは、個別の制度を集めた制度（ハード）の管理と捉えられていた。つまり、それらの個別制度を扱う「人材管理（パーソナル・マネジメント）」はマネジメントの1ツールとして使われる傾向があった。

それらハードとしての制度を、ＨＲＭこそが組織行動というソフトな部分とセットで人と組織の領域を体系化し、経営に活かしていく重要性を説いた最初の書。特に、「ヒト」は経営戦略に基づいた決定のもと「ヒト」、「モノ」、「カネ」の中で唯一感情を持ち、残りの「モノ」と「カネ」も取り扱う主役である。「ヒト」とその集合である組織のマネジメントこそ、従来の人事部といった管理部門ではなく、すべてのラインマネージャーが日々の業務とともにＨＲのマネジメントを理解し、実践する必要があると説いている。

本質的に「制度集ではなく、経営戦略の中核としての人的資源管理を体系的に扱ったバイブル」として経営と密接につながりを持った人・組織の重要性を説いたのは本書が初めてであり、出版から30年以上経った現在でも未だ色あせることのない、間違いなく永遠の名著といえる。

要旨

本書が多くの理論本と異なる点は、ＨＲＭ（人的資源管理）を単なる人事・労務の専門マネジメントとしてではなく、あくまで「経営」の中で最も重要な資源として戦略の中心に置いて体系的なまとめを行っている点であろう。つまり、組織行動、組織開発、労務管理、人事管理などの理論を統合しながらも、あくまでゼネラル・マネジャーの視点でまとめられている。

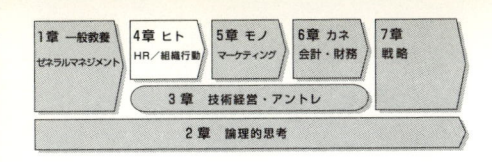

全体像として、まずＨＲＭを以下４つの領域に分けて組み立てていることがまず挙げられる。

①従業員の影響
②ヒューマンリソースフロー（人材フロー）
③報償システム
④職務システム

最初に従業員の影響を挙げているが、著者のＭ・ビアーらは、経営における中心的な役割をする従業員こそ重視すべきだという前提に基づいている。三角形を描き、それぞれの頂点にヒューマンリソースフロー（採用フロー、昇進などの内部フロー、退職フロー）、報償システム、職務システムを当てはめ、その三角形の中心に従業員の影響をすえた概念図を最初に描いている。

また、この４つの領域とともに企業の戦略に基づく人的資源管理であることを示す要因として、いかなるＨＲＭシステムの体系も、従業員に加え事業戦略とその条件、経営理念、労働市場、労働組合、職務技術、法律と社会的価値観などと密接に関連しており、その前提が変わればＨＲＭシステムもまた変化すべきである、としている。

実務的な観点で考えると、以下６つの点を解明することが重要である。

①どのように自社のＨＲＭ制度を診断し、長期・短期の結果を予想し、どうこの制度を変化させるべきか
②どのように全社的な競争戦略の中にこのＨＲＭ制度を組み込むか
③どのように従業員参加の仕組みをつくるか
④どのように、企業における生涯の資産としての従業員を組織内に受け入れられる人材フローを構築・管理するか
⑤どのような報償システムによってＨＲＭ制度の変化を支えていくべきか
⑥どのような職務システムで従業員の能力、コミットメントを高めるか

読書メモ

◆ステークホルダーの利益

企業は複数のグループが利害関係を持つ小宇宙であ

り、協調的なときも対立的なときもある。

◆HRM制度の選択肢

人事・労務管理に含まれる様々な活動は体系的に以下の4つの領域に分けられるが、これらを正しく把握し、運用することは人事ではなくライン・マネジャーの役割である。

①従業員のもたらす影響

企業目標や労働条件、キャリア開発などの諸問題に対する従業員からの影響について定める制度を作る。

②ヒューマンリソースフロー

インフロー（採用）、内部フロー（昇進・異動・能力開発）、アウトフロー（退職）に関して、たとえば企業目標に基づいて「適正な能力を持った適正な数の要因を確保する」などといった職務を管理者がいかに責任を持って、また協力して遂行するか。

③報償システム

金銭・非金銭的なものを問わず、企業としてどのような組織を作って維持し、また従業員にどのような行動、態度をとってほしいかという点で明確な期待（主な発見、事実、または主張）を与えている。

④職務システム

マネジャーは職務を定義し、設計することで組織化をまとめていく必要がある。

◆HRM制度の成果の把握

HRMの諸制度が企業の業績、従業員の福祉、社会の福祉の向上に役立っているかどうかを評価するためには、①従業員のコミットメント、②能力、③整合性、④コスト効果という4つのCの向上度合いを測る。

●著者プロフィール

マイケル・ビアー（Michael Beer）

ハーバード大学ビジネス・スクール教授。クイーンズ・カレッジ学士、ノースカロライナ州立大学修士、オハイオ州立大学博士を経て、コーニング社組織R&D部門マネジャーへ。1975年からハーバード大学ビジネス・スクールで教鞭をとる。マネジメント・アカデミー理事、GTECH社取締役の傍らフォーチュン500社を対象とするコンサルティングを行う。『Breaking the Code of Change』（Harvard Business School Press共著）、『The Critical Path to Corporate Renewal』（Harvard Business School Press共著）ほか、著書多数。

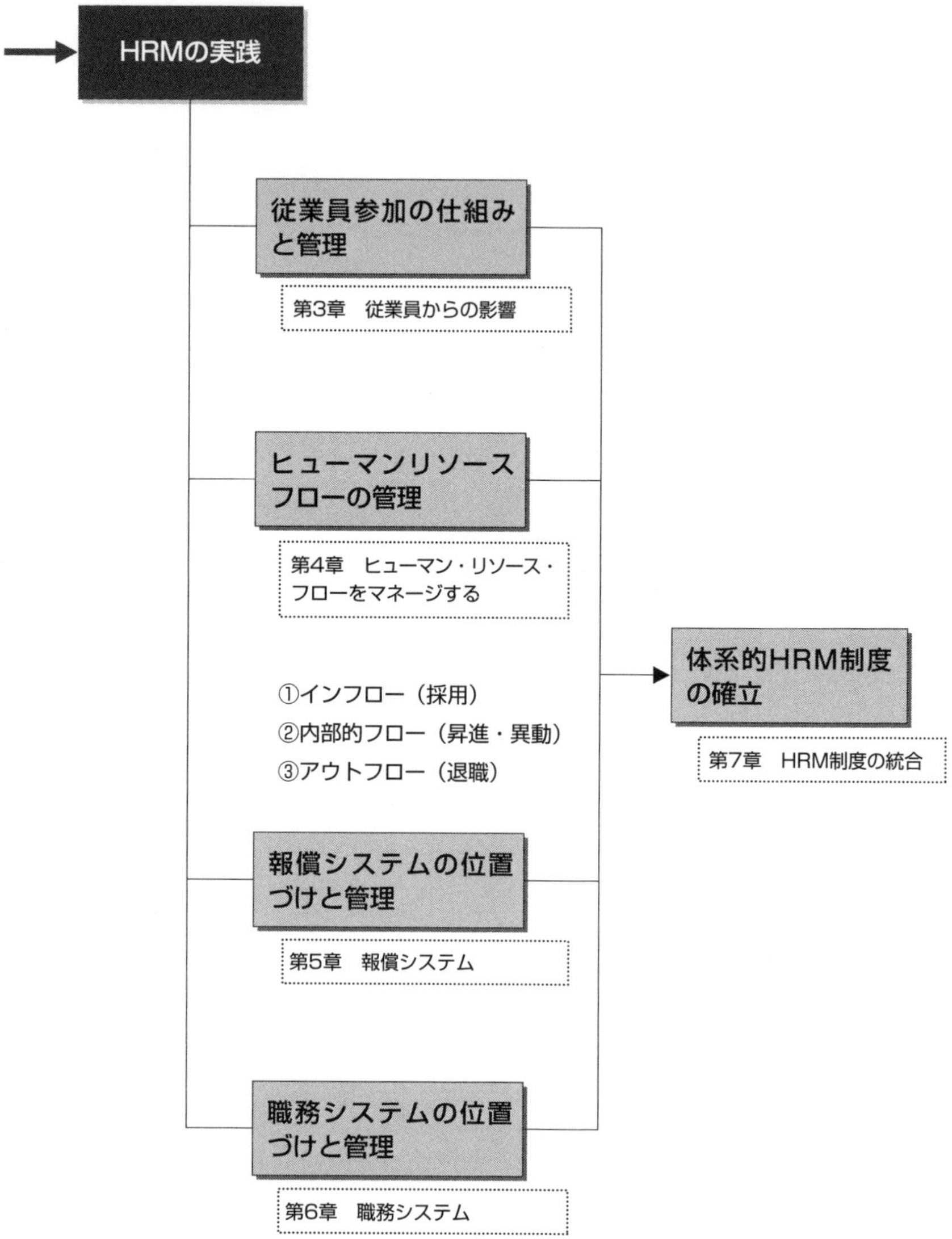
HRMの実践
従業員参加の仕組みと管理
第3章　従業員からの影響
ヒューマンリソースフローの管理
第4章　ヒューマン・リソース・フローをマネージする
①インフロー（採用）
②内部的フロー（昇進・異動）
③アウトフロー（退職）
報償システムの位置づけと管理
第5章　報償システム
職務システムの位置づけと管理
第6章　職務システム
体系的HRM制度の確立
第7章　HRM制度の統合

『ハーバードで教える人材戦略』目次　体系マップ

HRMの定義

4つの主要領域

第1章　ヒューマン・リソース・マネジメントとは何か

①従業員のもたらす影響
②ヒューマンリソースフロー
③報償システム
④職務システム

HRMの前提条件

第2章　HRMの概念的枠組み

①従業員の特性
②ビジネス戦略とその条件
③経営理念
④労働市場
⑤労働組合
⑥職務技術
⑦法律と社会的価値観

“組織行動学の領域に関する体系書”

『組織行動のマネジメント』
入門から実践へ

Essentials of Organizational Behavior

ステファン・P・ロビンス（著）
髙木晴夫（監訳）
永井裕久＋福沢英弘
＋横田絵理＋渡辺直登（訳）
ダイヤモンド社 刊
本体価格 2800円

◆キーワード◆

① 組織行動学
② リーダーシップ

機能別分類

ゼネラルマネジメント	○
論理的思考	
技術経営・アントレプレナーシップ	○
ヒト（ヒューマンリソース・組織行動）	◎
モノ（マーケティング）	
カネ（会計・財務）	
戦略	

キャリア職位別分類

初級者	◌
中級者（マネージャー）	◎
上級者（シニアマネージャー）	●

1分解説

組織行動学のバイブル。社会学、心理学、社会心理学、人類学、政治科学など、行動科学の世界でも個別に議論されていた企業における組織行動を体系的にまとめ、それぞれ「個人」、個人の集まりである「集団」、そして集団の集まりである「組織」と、分析のレベルごとに組織行動で扱う動機付けやグループダイナミクス、組織文化、コミュニケーション、コンフリクト、権力などを統合して全体像をまとめた名著といえる。

要旨

品質と生産性を改善させる、対人関係スキルを身につける、エンパワーメントにより権限委譲を行う、部下を動機づける、グローバル化に対応する、変革を起こす等など……これらはすべて組織行動学で扱うマネジメント領域である。

本書では、働くことを専門に扱い、人と組織がどのように行動するかを研究する「組織行動学」に基づいて組織内で活用できるコンセプトや理論を体系的に説明している。そのために、行動について大きく、①説明（なぜそうなったか）、②予測（どうなるか）、③統制（どうすべきか）といった重要な3つのポイントを押さえた上で行動について現場で活かせる理解を深める。

また、行動を考えるレベルも大きく3つに分け、それぞれ

①個人、②グループ（個人の集まり）、③組織（グループの集まり）

について具体的に説明しているが、そこでは組織構造や職務設計、業績評価や報酬システムがいかに各レベルで作用するかに重点を置いて考察している。特に、グループを単に個人に対するマネジメントの集積として扱おうとしたり、組織を単にグループに対するマネジメントの集積として捉えただけでは適切に対処できないなど、組織行動学の具体的なメカニズムの真髄について説明する。

読書メモ

◆組織文化の違いを分析する次元は、
①環境との関係、②時間の捉え方、③人間の本質、④活動の志向性、⑤責任の焦点、⑥空間の認識
という6つがある。

◆パーソナリティには、
①外向性、②人、③誠実さ、④安定した感情、⑤経験に開放的、
という5つの要因がある。

◆動機づけ理論に関して、欲求5段階説、X理論とY理論、動機づけ要因と衛生要因の初期の3理論は最も有名な基礎となるものである。その後総合的に動機づけについて説明するものとして、
①魅力、②業績と報酬の関係、③努力と業績の関係、
といった3つの変数で説明した期待理論があるが、どの動機づけ理論が最も有効かというのは文化的な違いによって大きく左右される。

◆人が集団に参加する理由は大きく、
①安心感、②ステータス、③自尊心、④親密さ、⑤力、⑥目標達成、
という6つに分かれる。

◆リーダーシップの理論はいまだ解明されていない。しかし主に4つのアプローチに分けられる。最も活用されるのは状況適合理論であるが、行き詰ったとされた特性理論（特にカリスマ型リーダー）の再検討など、いまだ議論が続いている。批判された理論がなぜ、どの部分が欠けていたのかを理解することが重要である。

◆コンフリクトとは「AがBの目的達成や利益の向上を結果的に失敗させるような何らかの形の妨害によって、Bの努力を打ち消そうと意図的に努力するプロセス」で、大きく、①伝統的見解、②人間関係論的見解、③相互作用的見解という3つのアプローチがある。

◆コンフリクトが善か悪かは、結局種類による。その種類は生産的コンフリクトと非生産的コンフリクトに分かれる。見分けは個人ではなく、集団に対するコンフリクトの影響力が生産的か、非生産的かによる。

◆組織構造は、
①職務専門化、②部門化、③指揮命令系統、④管理範

囲、⑤集権化・分権化、⑥公式化、という6つの要素によって、適合が決まり、異なる状況では特定の構造デザインが好ましくなくなる。

◆企業の業績評価や報酬制度によって、従業員の態度や行動に大きな影響を与える。評価軸は個人の業務成果か、行動か、特性か、誰が評価するか、どのような手段で評価するかなどで決まる。

◆評価の潜在的問題は大きく次の6つがある。

①単一基準の問題（基準配分の不適）
②寛大誤差の問題（評価者による違い）
③ハロー誤差の問題（ある一つの基準となる特性が他の特性の評価にも影響を与える）
④類似誤差の問題（自分自身の特性を重視して評価）
⑤低文化度の問題（評価のメモリが荒い）
⑥非業績基準に一致させる問題（本来の基準を任意に調整）

◆組織文化は各組織内での特異的な特性によって成り立つ。大きく、

①革新およびリスク性向、②細部に対する注意、③結果志向、④従業員重視、⑤チーム重視、⑥積極的な態度、⑦安定性、

という7つの変数の掛け合わせである。

◆組織変革のステップは、①解凍（問題認識の共有）
⇩②変革（移行）⇩③再凍結（定着化）
によって成り立つ。

◆変革への抵抗を克服するためには、

①教育およびコミュニケーション、②参加、③促進とサポート、④交渉、⑤操作および吸収、⑥強制

という6つの方法が挙げられる。

●著者プロフィール

ステファン・P・ロビンス（Stephen P. Robbins）

ネブラスカ大学、コンコーディア大学、バルチモア大学などで教鞭を取る。アリゾナ大学から博士号を取得。『Management, 5th edition』、『Fundamentals of Management』、『Organizational Theory, 3rd editon』などの著書があり、アメリカ国内の1000以上の大学および世界各国で教科書として使用され、世界各国で使われる。

個　人

第2部　組織のなかの個人

第三章　個人の行動の基礎
第四章　動機づけの基本的なコンセプト
第五章　動機づけ：コンセプトから応用へ
第六章　個人の意思決定

集　団

個人の集まり

第3部　組織のなかの集団

第七章　集団行動の基礎
第八章　“チーム”を理解する
第九章　コミュニケーション
第十章　リーダーシップ
第十一章　力（パワー）と政治
第十二章　コンフリクトと交渉

組　織

集団の集まり

第4部　組織のシステム

第十三章　組織構造の基礎
第十四章　テクノロジーと職務設計
第十五章　業績評価と報酬システム
第十六章　組織文化
第十七章　組織変革と組織開発

『組織行動のマネジメント』目次　体系マップ

組織行動学

第1部 組織行動学への招待

第一章　組織行動学とは何か

第二章　グローバルな場面における組織行動

〝人的資源管理（HRM）評価基準に関する体系書〞

『コンピテンシー・マネジメントの展開』

導入・構築・活用

COMPETENCE AT WORK

ライル・M・スペンサー＋
シグネ・M・スペンサー（著）
梅津祐良＋成田 攻＋横山哲夫（訳）
生産性出版 刊
本体価格 3400円

◆キーワード◆

① HRM
（ヒューマンリソースマネジメント）

② 組織行動学

③ コンピテンシー

機能別分類

ゼネラルマネジメント	
論理的思考	
技術経営・アントレプレナーシップ	
ヒト（ヒューマンリソース・組織行動）	◎
モノ（マーケティング）	
カネ（会計・財務）	○
戦略	

キャリア職位別分類

初級者	◌
中級者（マネージャー）	◌
上級者（シニアマネージャー）	◎

1分解説

ハーバード大学心理学教授のデイビッド・マクレランドによって１９７０年代に提唱されたコンピテンスの概念を、弟子であるスペンサーによって経営の世界で体系化・具現化したのが本書である。

近年多くの企業で導入されつつあるコンピテンシー・モデルの原典であり、詳細・精密なコンピテンシー・ディクショナリーを提示したコンピテンシー経営のバイブル。延べ20年間にわたり実施された計２８６もの研究結果を元に書かれている。

当然日本の経営にも重要な示唆を与えるバイブルであるが、３７０ページを超える大著であることから翻訳版は第十七章、第二十三章、第二十四章が割愛されている。特に第十七章は起業家の職務におけるコンピテンシーについてまとめられている章であり、起業家的コンピテンシーの重要性が注目されている中でそのパートが割愛されたのが惜しまれる。ぜひ原著で押さえておきたい。

要旨

本書の体系は、まず産業心理学、組織心理学に基づくコンピテンシー研究の歴史と言葉の定義を押さえた上で、ハイパフォーマーに共通する21のコンピテンシー・ディクショナリーを緻密に紹介する。その後、コンピテンシー・モデル研究のためのリサーチとデータ分析法について説明し、特に職務別コンピテンシー・モデルの例として、技術者や専門職、セールス職、支援・人的サービス従業者、そして管理職それぞれの成功するコンピテンシーについて詳細が述べられる。

また、一方で人材マネジメントを行う上でコンピテンシーが関連する人材フロー（採用、配置、開発など）の各小機能の視点からも、その適用法を考察する。つまり、情報化社会、ナレッジワーカーの不足、人材の多様化、グローバル化、人工知能の活用などの諸問題に、コンピテンシーをどう適用するべきかについて提言している。

20年もの研究を元に将来の提言まで掲げた大著なが

ら、新たなナレッジの創造に追いつくため「3カ月に1回の頻度でコンピテンシー・ディクショナリーを更新していく必要がある」という提言にはうなずけるものがある。

読書メモ

◆コンピテンシーとは、「さまざまな状況を超えて、かなり長期間にわたり、一貫性をもって示される行動や思考の方法」のことをいう。

◆コンピテンシー特性の体系は、

①動因…モチベーション
②特性…身体的特徴や様々な状況、情報に対する一貫した反応
③自己イメージ…個人の態度、価値観、自我像
④知識…特定の領域で個人が保持する情報
⑤スキル…身体的、心理的タスクを遂行する能力

の5つである。

コンピテンシー

"さまざまな状況を超えて、かなり長期間にわたり、一貫性を持って示される行動や思考の方法"

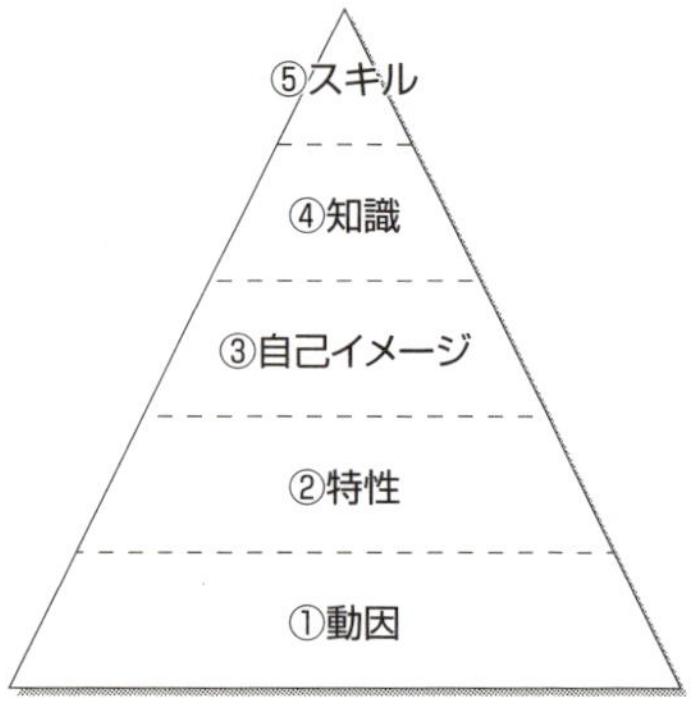

コンピテンシーの体系

◆コンピテンシー研究デザインは、

①業績硬化性の尺度を定義する
②尺度ごとのサンプルを選ぶ
③データを収集する
④データを分析し、コンピテンシー・モデルをつくる
⑤コンピテンシー・モデルの妥当性を検証する
⑥コンピテンシー・モデルの適用を準備する

という6つのステップを踏む。

◆非管理職スタッフに見られる職種間のコンピテンシー要件の違いと比較して、管理職のコンピテンシー要件は似ている。管理職のコンピテンシー・モデルは次のとおり（優先順位は括弧内の数字で示されたウエイ

ト付けで示す）。

①インパクトと影響力（6）……個人的利益ではなく、全社的利益を考えて影響力を行使する。

②達成重視（6）……自分だけでなく、部下やチームのために業績測定、目標設定、コスト効果分析を行う。

③チームワークと協調（4）……部下だけでなく、同僚、上司に対してもインプットと参画を求める参画型マネジメントを進める。

④分析的思考（4）……常に業績や物事の影響について論理的に分析し、原因・結果を突き止めて対策を計画する。

⑤イニシアティブ（4）……決まった仕事の範囲を超えて将来の機会を察知し、将来の問題に対処をする。

⑥人の育成（3）……建設的なフィードバックを与え、励ましながら、指示、提案、説明、支援とともにコーチングを行う。

⑦自己確信（2）……自分の能力・判断に自信を持ち、挑戦的な仕事を楽しみ、上司へ積極的に相談・質問を行う。

⑧対人関係理解（2）……他人の態度、興味、ニーズ、見解を理解し、長所、短所を把握した上で、行動の理由を理解する。

⑨指揮命令／自信（2）……相手にNOと言え、高い業績目標を要求する。

⑩情報探求（2）……問題を分析し、将来の機会を掴むために体系的に、かつ多くの情報源から情報を収集し、時には実際に出かけていって獲得する。

⑪チーム・リーダーシップ（2）……高い業績基準を設定し、コミュニケートする。

⑫概念化思考（2）……他の人たちにわからない関連やパターンを見つけ、差異に気付き、問題や必要なアクションを識別する。なお、専門能力、専門知識は最低必要要件である。

●著者プロフィール

ライル・M・スペンサー（**Lyle M. Spencer, Jr.**）
マックバー社社長・CEOおよびヘイ・マネジメンツ・コンサルタンツのテクニカル・ディレクター

シグネ・M・スペンサー（**Signe M. Spencer**）
マックバー社シニア・リサーチ・アソシエイト

実践

コンピテンシーの測定

第3部 コンピテンシー・モデルの開発

- 第十章　コンピテンシー研究をデザインする
- 第十一章　行動結果面接（BEI）の仕方
- 第十二章　コンピテンシーモデルの開発

応用

HRM諸制度との連動

第5部 コンピテンシー・ベースの応用

- 第十七章　採用、配属、定着、昇進における評価と選考
- 第十八章　パフォーマンス・マネジメント
- 第十九章　後継者育成計画
- 第二十章　能力開発とキャリアパス
- 第二十一章　報酬（ペイ）
- 第二十二章　コンピテンシーベースの人事管理(HRM)の将来

職務別コンピテンシーモデル例

第4部 研究結果の検討:
一般コンピテンシー・モデル

- 第十三章　技術者および専門職
- 第十四章　セールス職
- 第十五章　支援・人的サービスの従事者
- 第十六章　管理者

『コンピテンシー・マネジメントの展開』目次　体系マップ

基本

コンピテンシーの定義

第1部 コンピテンシーの考え方

第一章　序に代えて

第二章　コンピテンシーとは何か

コンピテンシーの尺度

第2部 コンピテンシー・ディクショナリー用

第三章　コンピテンシー・ディクショナリーの構築

第四章　達成とアクション

第五章　支援と人的サービス

第六章　インパクトと影響力

第七章　マネジメント・コンピテンシー

第八章　認知コンピテンシー

第九章　個人の効果性

“学習する組織を作るための研究”

『最強組織の法則』
新時代のチームワークとは何か

The FIFTH DISCIPLINE : The Art & Practice of The Learning Organization

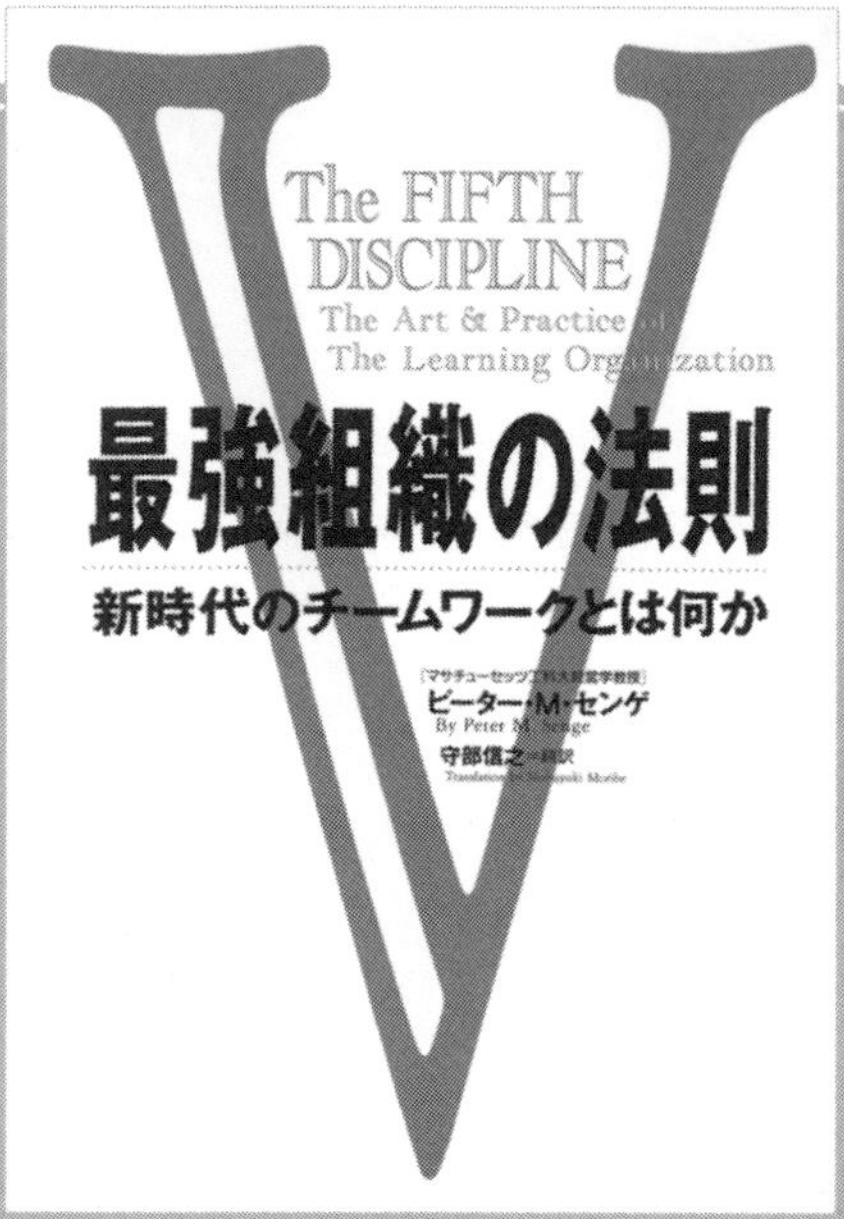

ピーター・M・センゲ（著）
守部信之（訳）
徳間書店 刊
本体価格 1900円

◆キーワード◆

① 組織行動学
② リーダーシップ
③ システム思考
④ ラーニング・オーガニゼーション

機能別分類

ゼネラルマネジメント	○
論理的思考	○
技術経営・アントレプレナーシップ	○
ヒト（ヒューマンリソース・組織行動）	◎
モノ（マーケティング）	
カネ（会計・財務）	
戦略	○

キャリア職位別分類

初級者	◌
中級者（マネージャー）	◌
上級者（シニアマネージャー）	◎

1分解説

企業再生や変革などの必要性がクローズアップされている現在、アメリカ以上に日本がマネジメントと組織の変革を成功させる必要性があるといえる。バブル崩壊直前の日本が絶頂であった1990年に発表された本書であるが、皮肉なことにその必要性はむしろ日本企業の方が高いのかもしれない。個人の学習ではなく、組織が学び、変革していくために何が必要かという現場におけるマネジメントの本質を突いた名著。

要旨

人々の労働意識が変化し、組織が持つべき能力を考え直したとき、企業は自律的に学習をしていく「ラーニング・オーガニゼーション（学習する組織）」を構築していかなければならない。そのために、組織を変革していくために何が必要か、について体系的に説く。

学習する組織、システム思考など、組織デザインに関する新しい概念を提唱した教科書とされる。

読書メモ

◆この本で意味する「ディシプリン」とは、学習し習得するべき理論および技術の総体であり、実践されるべき課題を指している。

◆ラーニング・オーガニゼーションの5つの鍵（ディシプリン）は以下のとおり。

①システム思考：全体のパターンを明らかにし、それを有効に変えていく視点でものを考えること。第1のディシプリンとして重要視されるこのシステム思考は、これに続く他の4つを統合するものとされる。このシステム思考によって全体をまとめ、一貫した実行プランを構築できる。

②自己マスタリー：現実を客観的にとらえる。そのために、個人の視野を広げ、常に現実への理解を深めていくことの重要性を意識的に認識する必要がある。

③メンタル・モデルの克服：自分たちの心に知らないうちに固定化されたイメージや概念（メンタル・モデ

ル）を分析し、精査する。

④共有ビジョンの構築：組織内で共通のアイデンティティとミッションのもとに個人を結束させる。そのためには、お題目だけのビジョンではなく個々人が心から納得し、参加できるような共通の「将来像」を掘り起こし、コミュニケーションを続ける必要がある。

⑤チーム学習：現代の組織では、個人ではなくチームで成果を出し、そのための学習の基礎を構築する。チームが学び、成長できなければ集合体としての組織も成長できない。

◆企業の抱える７つの学習障害は以下のとおり。

①「職務イコール自分」：個人が自分の職務だけに気をとられると、すべての職務が関連しあって生まれる結果に対して責任感が薄れ、職務間の連携が阻害される。

②「敵は向こうに」：「職務イコール自分」という考えと同様、自分の仕事にしか目が向かないと、何のために仕事をしているかという本質的な目的や、自分の行動の影響が職務の範囲をこえてどう広がっていくかを認識できなくなる。そのような中、自分の仕事の結果が悪い形ででてくると、理由を外に向け、自分以外のせいにしようとする。

③積極策の幻想：「向こうの敵」と戦おうとひたすら攻撃的になるとすれば、人は受身に反応しているということになる。これは積極策の幻想であり、真の積極性は、自分の抱える問題にどのように寄与するかの見通しから生まれる。

④個々の出来事にとらわれる：今日、われわれの組織および社会の生き残りにとっての中心的脅威は、不意の出来事からではなく、徐々にゆっくり進行するプロセスからくること

⑤ゆでられた蛙の寓話：徐々に変化してゆくプロセスを見極める力を養うには、いまの慌しいペースをゆるめ、全体像を見極めた上で、派手なものだけでなく目立たないものにも注意を払う必要がある。

⑥体験から学ぶという錯覚：人は経験から最も多くのことを学ぶが、重要な決定の場合はたいてい（その影響が長期にわたって影響するため）、その帰結を直接には経験しない

⑦経営チームの神話：経営チーム＝組織のさまざまな

機能と専門分野を代表する有能で経験豊富な管理職の一団のはずが、実際は会社の現状を擁護し、保身のための能力だけが有能な「熟練した無能」（経営陣自体が学ぶことを避けるのにとてつもない能力を発揮する人々の群れ）と化してしまう。

◆システム思考において重要な点は、レバレッジの原則（構造のどこに働きかけ、どこを変えれば決定的かつ持続的な改善へとつなげるか）を把握すること⇩システム思考の最大の利点：きわめて複雑な状況においてハイ・レバレッジは何かを見分けられること。

◆システム思考の技術

　複雑さの根底にひそみ、変化を生じさせている構造を見ぬくこと⇩ハイ・レバレッジの変化は基本的戦略の転換を意味する

◆システム思考の法則は、

①今日の問題が昨日の「解決策」からくる
②システムは押せば押すほど強く押し返す（補償的フィードバック）
③状況はいったん好転してから悪化する
④安易な出口は通常元に戻る
⑤治療策が病気そのものより問題なことがある
⑥急がば回れ
⑦原因と結果は時間的・空間的に近隣しているとはかぎらない
⑧小さな変化が大きな結果を生むことがある。しかし一番効果のある手段はしばしば一番見えにくい
⑨ケーキを手に入れ、しかも味わうことができる（同時にではないが）
⑩1頭の象を分割しても小象2頭にはできない
⑪罪を着せる外部はない

などがある。

●著者プロフィール

ピーター・M・センゲ（Peter M.Senge）

マサチューセッツ工科大学（MIT）経営学部教授、同大学の「組織学習センター」の理事を経て、現在、MITスローン校経営学部上級講師、組織学習協会（SOL：Society for Organizational Learning）の創設者兼初代会長である。フォード、DECなど多くの企業に、学習する組織（ラーニング・オーガニゼーション）の理論と実践を紹介する。

→ **課題解決の5つのディシプリン** → **応用と更なる課題への対応**

ラーニング・オーガニゼーションの中核ディシプリン

障害回避の基礎

第2部　システム思考革命

①システム思考

- 第四章　システム思考の法則
- 第五章　考え方をシフトする
- 第六章　減少を支配するパターンを見抜く
- 第七章　レバレッジの原則
- 第八章　木を見て森も見る

学習する組織の構築

第3部　ラーニング・オーガニゼーションの構築

②自己マスタリー（個人の視野を常に明瞭にし，深めていくこと）

- 第九章　自己マスタリー

③メンタルモデルの克服（既存の枠からの脱出）

- 第十章　メンタルモデルの克服

④共有ビジョン（企業の根幹をなすアイディアを育てる）

- 第十一章　共有ビジョン

⑤チーム学習（意見交換とディスカッションの見直し）

- 第十二章　チーム学習

→ ### 学習組織の応用

第4部　創造への課題

- 第十三章　組織の分権化
- 第十四章　管理職の時間
- 第十五章　仕事と家庭の対立が終わる

第5部　組織学習の新しいテクノロジー

- 第十六章　マイクロワールド1
  （未来の経営戦略に潜む危険性を予測する）
- 第十七章　マイクロワールド2
  （経営問題の全体像を把握する）
- 第十八章　マイクロワールド3
  （サービス業におけるレバレッジの発見）
- 第十九章　新しいリーダーシップ
  （3人の最高経営責任者が語る経営変革の信念）

『最強組織の法則』目次　体系マップ

課題の定義

ラーニング・オーガニゼーションとは何か

7つの学習障害

第1部　最強組織の条件

第一章　充分長いてこがあれば片手で世界を動かして見せよう（管理から創造への飛躍）

第二章　組織はかく思考する（企業の抱える7つの学習障害）

第三章　システムの囚人、考え方の囚人？（ビール・ゲームの教訓）

“組織変革を進めるプロセスに関する研究”

『企業変革力』

Leading Change

ジョン・P・コッター（著）
梅津祐良（訳）
日経BP社 刊
本体価格 2000円

◆キーワード◆

① 組織行動学
② リーダーシップ
③ 組織（企業）変革

機能別分類

ゼネラルマネジメント	○
論理的思考	
技術経営・アントレプレナーシップ	○
ヒト（ヒューマンリソース・組織行動）	◎
モノ（マーケティング）	
カネ（会計・財務）	
戦略	○

キャリア職位別分類

初級者	◌
中級者（マネージャー）	◌
上級者（シニアマネージャー）	◎

1分解説

今日のビジネスは、グローバル化の進展と共に変化の速度が速く、競争も激化している。その経営環境に企業が対応する際、障害を減少させ、機会を活かしていくためには大規模な変革が必要となる。大規模変革には、リストラクチャリング、リエンジニアリング、M&A、文化変容などさまざまな方法があるが、従来のマネジメント機能を駆使するだけでは成し遂げることはできない。

本書は従来のマネジメント至上主義からリーダーシップを重視する方向への転換を主張するリーダーシップ論のバイブル的存在であり、変革リーダーがどのような「強い意志」と「スキル」をいかに活用していくか、ということについて説いている。

要旨

改善と改革は違う。つまり、継続的改善ではなく、リストラ（人的整理ではなく、事業の再構築としてのリストラクチャリング）やM&Aなどに伴って必要となる企業文化変革を行う場合には、従来のマネジャーによるマネジメントではなく、リーダーによるリーダーシップの発揮が必須となるが、そのために必要な8つの段階について、論理的に示している。

つまり、本書における前提は、マネジメント力とリーダーシップ力は明確に異なるということである。

マネジメント力とは、企業内のプロセスを計画し調整し統合するスキルのことで、リーダーシップ力とは、新たな文化を持つ組織を生み出したり、激しく変化している環境に現在の組織を適応させるために文化を変えるスキルとしている。

また、この役割の違いとともに社内のキャリアパスにも変化を及ぼし、今後は調整が上手いだけのマネジャーでは不十分であり、リーダーシップを大きく獲得したマネジャーの重要性が強くなってくる、と主張している。

管理者としての成功への道も今後は変わる。大組織の中でマネジメントを学びつつ昇進をはかってきたこれまでのキャリアパスは、十分なリーダーシップ能力の獲得という点では不十分だ。「21世紀において成功を収めるキャリアはもっとダイナミックなものになるはずだ」と著者は主張している。会社で働いている人たちへの示唆を含む議論である。

読書メモ

◆成功を収める変革は、70～90%はリーダーシップによってもたらされ、残りの10～30%がマネジメントによってもたらされる

◆企業変革が失敗する要因は以下の8つである。

①従業員の現状満足を認めてしまうこと。改革に対する十分な危機感を作る前に変革の実行プランを進めてしまうこと

②一部のチームだけが動き、変革推進のための連帯を築くことを怠ってしまうこと

③ビジョンの重要性を過小評価してしまうこと。ビジョンは、多数の人材を結び付ける唯一の媒体。「変革を推進するビジョンを5分以内で説明しきれない場合、あるいは従業員がそれを理解し咀嚼する際に混乱を示した場合は、問題は必ずそこにある」

④ビジョンを周知徹底しないこと。適正に構築されたビジョンにより、共通認識を抱く前に改革を進めてしまうこと

⑤新たなビジョンに連なる問題の発生を容認すること。ビジョンが崩れれば変革は進まない。このビジョンの達成という信念には統一性が必要で、ビジョンに合致しない例外を容認した途端に土台が崩れる

⑥短期的な成果を重視しないこと。短期的な成果は、従業員に対する自信と間違っていなかった方向性についての確信を与える。具体的な目標とスケジュールが入った計画を設定し、その成果に応じて褒賞、昇進、昇給を関連づけることで一貫性を持たせることが重要

⑦早急に勝利を宣言する。定着する前に改革成功を認めるのは大きな落とし穴

⑧変革を企業文化に定着させることを怠る。緊張感のピークにある非常時での行動でなく、平常時でも個人がそれぞれ納得して定着した行動が期待できる状

態になるまでは改革中と心がける

◆企業変革が失敗する要因によって導びかれる現象は以下の5つである。

①新たに立案された戦略がうまく機能しない

②M&Aによって想定していた相乗効果が発揮されない

③リエンジニアリングに膨大なコストと時間がかかる

④ダウンサイジングによるコスト削減効果が発揮されない

⑤品質向上プログラムにおいても、目標が達成されないなどの結果を生じることになる

◆変革ビジョンは、難しい専門用語やMBA的表現を使って表現してはならない。明確にわかりやすい表現で誰にでも伝わるようにしなければならない。

●著者プロフィール

ジョン・P・コッター（John P. Kotter）

ハーバード・ビジネス・スクール教授。マサチューセッツ州ケンブリッジに設立されたコッター・アソシエイツの創設者兼会長でもある。MITとハーバード大学を卒業後、1972年以降、ハーバード・ビジネス・スクールで教鞭を取る。1980年に33歳の若さで終身教職権を獲得し、ハーバードの歴史の中でも最年少の正教授の栄誉に就く。

組織変革プロセス

“レヴィン”の組織変革ステップ	“コッター”の企業変革の8段階	TO DO
1.解凍（認識の共有）	**①企業内での変革の必要性徹底** 実行する現場の全従業員に危機意識を生み出す	市場分析、競争分析、自社分析
	②マネジメント層のコミットメント（連帯チームの形成） マネジメント層にも重要性の理解と実行支援を促す	経営陣が参画する変革グループ結成
2.凍結（変革の実行）	**③ビジョンと戦略の作成** 変革の方向性を示すビジョンと戦略を策定	ビジョン、戦略の策定
	④ビジョンの伝達 ビジョン、戦略の組織への浸透を促す	推進チームの実績を元にした行動様式
	⑤ビジョン実現のサポート（エンパワーメント） 社員のビジョン実現をサポート	問題点の排除（制度等を含む課題）
	⑥短期的成果へ向けた計画・実行 効果測定による変革への組織モチベーション維持	計画の策定、結果の報告、表彰制度
2.再凍結（変革行動の定着）	**⑦成果の定着と更なる変革の実現** ビジョン、戦略と合わない課題の排除と改善	新たな制度に基づく運営
	⑧新たなアプローチの定着 新たな行動様式と成果の因果関係の明確化と制度化	具体的行動様式、リーダーシップ

企業変革の実践プロセス → **企業変革の今後**

第2部
八段階の変革プロセス

- **①危機意識を高める**
  第三章　危機意識を生み出せ
- **②変革推進のための連帯チームを築く**
  第四章　変革を進めるための連帯
- **③ビジョンと戦略を生み出す**
  第五章　ビジョンと戦略を作る
- **④変革のためのビジョンを周知徹底する**
  第六章　ビジョンを周知徹底する
- **⑤従業員の自発を促す**
  第七章　従業員の自発を促す
- **⑥短期的成果を実現する**
  第八章　短期的な成果の重要性
- **⑦成果を基に、更なる変革を推進する**
  第九章　成果を活かしてさらに変革を進める
- **⑧新しい方法を企業文化に定着させる**
  第十章　新しい方法と企業文化

第3部
変革の持つ意味

- **将来の成功企業像**
  第十一章　これからの企業像
- **将来のリーダーシップ像と継続教育**
  第十二章　リーダーシップと継続的学習

『企業変革力』目次　体系マップ

企業変革の基礎

第1部
変革に伴う課題とその解決

企業変革の課題

第一章　企業変革はなぜ失敗するのか

成功する企業変革の要素とプロセス

第二章　成功する変革とその源動力

第5章

モノ（マーケティング）

『コトラーのマーケティング・マネジメント ミレニアム版』
『顧客ロイヤルティのマネジメント』
『サービス・マーケティング原理』
『ブランド・エクイティ戦略』

〝マーケティング領域全体の体系書〟

『コトラーのマーケティング・マネジメント ミレニアム版』

Marketing Management, The Millennium Edition

フィリップ・コトラー（著）
恩藏直人（監修）
月谷真紀（訳）
ピアソン・エデュケーション 刊
本体価格 8000円

◆キーワード◆

① マーケティング
② ターゲットマーケティング
③ マーケティングミックス

機能別分類

ゼネラルマネジメント	○
論理的思考	
技術経営・アントレプレナーシップ	○
ヒト（ヒューマンリソース・組織行動）	○
モノ（会計・財務）	◎
カネ（会計・財務）	○
戦略	○

キャリア職位別分類

初級者	◌
中級者（マネージャー）	◎
上級者（シニアマネージャー）	●

1分解説

いわずと知れた、マーケティング界の巨匠フィリップ・コトラーによる、マーケティングのバイブル。

コトラー自身、多くの著書を出しているが、世界のビジネススクールでマーケティングの指定テキストとして多く使われるのは同氏の名著の1つである『マーケティング原理』ではなく、本書『マーケティング・マネジメント』のほうである。

本書は１９６７年刊行の第1版以来、マーケティング界のバイブルとして君臨してきたテキストの第10版の翻訳である。その圧倒的な網羅性と事例の豊富さは他のマーケティング書籍を圧倒しており、同時に本書の領域が体系的であることを意味しているが、あまりに領域が幅広く網羅されているため、安易な参照用として手にすると全体像を見失う恐れもある。

ちなみに本書（第10版）は、新しいミレニアムの始まりの２０００年に出版されたため、ミレニアム版と呼ばれており、インターネットや電子商取引などが変えつつある市場やマーケティングの世界についても数多く取りあげられている。

要旨

このミレニアム版も、先に翻訳された第7版と同様、特徴としては圧倒的な網羅性と体系的に組み立てられた理論・実践的洞察の深さ、そしてその理論の説明に使用される具体的事例の豊富さによって、「マーケティングのバイブル」という名誉を確立している。

マーケティングの基礎や前提を見た上で、環境分析、マーケティング戦略、そして戦術の策定と管理といった定番のプロセスで進む。つまり、

①環境分析をＳＷＯＴ分析で見た後、②ターゲットマーケティング（セグメンテーション、ターゲティング、ポジショニング）で戦略を固めた上で、③その戦略に基づく戦術（マーケティングミックス：４Ｐ）を考え、最後に、④具体的な現場の管理である組織運営や実行評価、コントロールといったオペレーション上の課題を検討する、といった形で説明がまとめられている。

インターネットを活用したマーケティングだけでなく、顧客維持のマーケティング、サービス・マーケティングなど、経営環境の変化に伴うマーケティング戦略やその手法についてもページを多く割いている。

実際、市場の大きさが拡大しない中で競争の激化が進み、豊富な情報獲得インフラの整備とともに顧客優位の世界が進んでいる現在、顧客が常により高い価値を提供してくれる企業へと移動するのは避けられない。その中では、市場の絞込みが進み、新規顧客よりも顧客の維持を優先し、単なる市場シェアでなく、重要な顧客を見極めてその顧客の生涯価値を評価することで、特定の顧客シェアを高めることが重要になってきているという。本書を体系的に理解し活用することができれば、戦略と戦術とが首尾一貫して、かつモレ・ダブリのないマーケティング戦略を構築し、実行することができるだろう。

読書メモ

◆マーケティングは、人間の「ニーズ」と「ウォンツ」から出発する。

◆「ニーズとは、人間の生活上必要なある充足状況が奪われている状態」をいい、「ウォンツとは、そのニーズを満たす（特定の）ものが欲しいという欲望」のことをいう。そしてそのニーズとウォンツを満たすことができるあらゆるものを製品という。

◆マーケティング・マネジメントのプロセスは、
①マーケティング機会分析
②ターゲット市場調査と選定
③マーケティング戦略の立案
④マーケティング・プログラムの立案
⑤マーケティング活動の組織化、実行、コントロール
という順序である。

◆現代の戦略的マーケティングの核となるのはSTPマーケティング（S：セグメンテーション、T：ターゲティング、P：ポジショニング）である。

◆狙うべき市場を絞り込む視点として大きく、地理、人口、心理、行動の4つの変数がある。

◆新製品開発は、
①アイディアの創出

②アイディアのスクリーニング
③コンセプト開発とテスト
④マーケティング戦略の立案
⑤事業分析
⑥製品開発
⑦市場テスト
⑧商品化

というプロセスを踏んで実行される。

◆企業を成長させるためには、社員やパートナーの意識を成長志向に変える必要がある。

◆成長志向…現在扱っている製品や現時点におけるコンピテンシーを発想の出発点にする（インサイド・アウト思考）のではなく、既存ならびに新規顧客のいまだ満たされていないニーズを感知し、それを満たすこと（アウトサイド・イン思考）で成長を目指すべきである。

●著者プロフィール

フィリップ・コトラー（Philip Kotler）

マーケティングの世界的権威。ノースウエスタン大学ケロッグ・スクール・オブ・マネジメントで教鞭をとりながら、IBM、ゼネラル・エレクトリックなどのコンサルティングも実施。ドラッカー財団のアドバイザリーボード役員も兼務。数多くの賞も受けている。

差別化の方法　ポジショニングを考える上で他社との差別化を図るための差別化要因

差別化の方法	内容
1.製品	特徴、性能、適合、耐久性、信頼性、修理可能性、スタイル（パッケージング含）、デザイン（※コトラーのいうデザインは、いわゆる外見やスタイルと違い、これらの製品差別化の特徴を統合したいわば“製品設計”を指している）
2.サービス	配達（デリバリー）、取りつけ（設置）、顧客トレーニング、コンサルティングサービス、修理、その他品質保証やメインテナンス契約、ロイヤルティプログラム等。
3.スタッフ	コンピタンス（能力：知識とスキル）、親切丁寧、確実性、信頼性、迅速な対応、コミュニケーションスキル
4.イメージ	シンボル（モノや有名人のブランドなど）、文章およびAVメディア（広告作品、決算報告書、カタログ、封筒や便箋、名刺など）、雰囲気（建物デザインやインテリア、レイアウト、色使いなど）、イベント（オリンピックなど各種大会や社会事業のスポンサーになることなど）

目次　体系マップ

(3) 戦術の策定と推進

④戦術の決定
マーケティングミックス（4P）

4P

第4部「マーケティング上の意思決定」

- ①製品
  - 第十三章　製品ラインとブランドのマネジメント
  - 第十四章　サービスの設計とマネジメント
- ②価格
  - 第十五章　価格戦略と価格プログラム

第5部「マーケティング・プログラムの管理と提供」

- ③チャネル
  - 第十六章　マーケティングチャネルのマネジメント
  - 第十七章　小売業、卸売業、およびマーケットロジスティクスのマネジメント
- ④プロモーション
  - 第十八章　統合型マーケティングコミュニケーションのマネジメント
  - 第十九章　広告、販売促進、パブリックリレーションズ
  - 第二十章　セールスフォースのマネジメント
  - 第二十一章　ダイレクトマーケティングとオンラインマーケティングのマネジメント

⑤戦術の運用
組織運営、実行評価、コントロール

- 実行管理
  - 第二十二章　トータルマーケティングマネジメント

『コトラーのマーケティング・マネジメント -ミレニアム版』

(1)前提の把握 → (2)戦略の策定

①基礎

役割、定義(顧客価値、顧客満足)

第1部「マーケティング・マネジメントの理解」

- 第一章 21世紀のマーケティング
- 第二章 顧客満足、顧客価値、および顧客維持の確立
- 第三章 市場での勝利：市場志向型戦略計画

②環境分析

セグメンテーション～ターゲティング

第2部「マーケティング機会の分析」

- 第四章 情報収集と市場需要の測定
- 第五章 マーケティング環境の観察
- 第六章 消費者市場と購買者行動の分析
- 第七章 ビジネス市場と企業の購買行動
- 第八章 競争への対処
- 第九章 市場セグメントの明確化と標的市場の選択

③戦略の決定

ポジショニング

第3部「マーケティング戦略の立案

- 第十章 製品ライフサイクルと製品ポジショニング
- 第十一章 新製品の開発
- 第十二章 グローバル市場におけるマーケティング

〝マーケティング領域の「顧客ロイヤルティ」に関する研究〟

『顧客ロイヤルティのマネジメント』

THE LOYALTY EFFECT

フレデリック・F・ライクヘルド（著）
伊藤良二（監訳）
山下浩昭（訳）
ダイヤモンド社 刊
本体価格 3200円

◆キーワード◆

① マーケティング
② 顧客維持
③ 顧客ロイヤルティ
④ CRM
（カスタマーリレーション・マーケティング）

機能別分類

ゼネラルマネジメント	
論理的思考	○
技術経営・アントレプレナーシップ	
ヒト（ヒューマンリソース・組織行動）	○
モノ（マーケティング）	◎
カネ（会計・財務）	○
戦略	○

キャリア職位別分類

初級者	◌
中級者（マネージャー）	◌
上級者（シニアマネージャー）	◎

1分解説

顧客満足（CS…Customer Satisfaction）という言葉が聞かれて久しい。しかし、果たして従来の顧客満足が、自社の利益向上にどれほど貢献しているのか。

このような疑問は、いつの時代のどの経営者でも抱いていると言えるが、本書はこの疑問に対する答えを提供するために、「顧客ロイヤルティ」という概念を掲げ、顧客ロイヤルティのマネジメントを通して達成される「顧客維持」が企業の収益に直結することを唱える形で出版された。

巷では、航空会社のマイレージから、レストランやスーパーマーケットのポイントプログラム、そして富裕層を狙った銀行のプライベートバンキング部門の拡張など、特定顧客層の顧客維持に力を入れる例が多く聞かれるが、この顧客の絞りこみと絞り込んだ層に集中した維持政策が長期的に企業の利益につながることがクローズアップされはじめたきっかけとなった原典といえる。1998年に出された書。

要旨

「ロイヤルティこそ企業価値を向上させる重要な指針である」という前提のもと、最終的な顧客維持のために、優良な顧客のみならず、社員および株主といった利害関係者を含めて慎重に選択し、また同時に維持することで、継続的な収益拡大の経営モデルを実現すべきである、ということを唱えた本。

決して、すべての顧客の希望を満たしたり、あらゆる社員や株主の満足度を上げるといった顧客満足度、従業員満足度至上主義ではなく、ロイヤルティを語る前にまず自社内における戦略（基準）を決めなければならない、という。つまり、誰にとってのロイヤルティを上げるかには唯一の正解がないため、マーケティングにおける市場の細分化および標的市場の絞込みと同様、どのような顧客、従業員、そして株主が自社にとって理想的であり、継続的な関係を構築していくべきか、まず最初に方針を決め、実際に選別する必要がある。

著者は、ロイヤルティには、「顧客ロイヤルティ」、「社員ロイヤルティ」、「株主ロイヤルティ」という3つの次元があり、顧客・社員・株主との長期的な良好な関係をつくり、これらロイヤルティを高めることがビジネスの成功につながると論じている。そして、そのためには以下の8つの要素が重要であると述べている。

①顧客に優れた訴求価値を提供する
②適切な顧客を選択する
③顧客ロイヤルティを獲得する
④適切な社員を選択する
⑤社員のロイヤルティを獲得する
⑥顧客と社員の高いロイヤリティから生み出される高い生産性によりコスト競争力を確保する
⑦適切な株主を選択する
⑧株主のロイヤルティを獲得する

著者がマッキンゼー&カンパニーと並び評される世界屈指の戦略系コンサルティングファーム「ベイン&カンパニー」の名誉ディレクターであることからもわかるように、実際の数字を含む豊富な事例が散りばめられており、単なる理論書でなく非常に読みやすい。

読書メモ

◆通常企業は年間10～30%の既存客を失い、社員の離職率が15～25%にのぼり、株主の平均離反は年50%を超えている。
◆顧客維持率の5%増加は顧客の正味現在価値（NPV）を35%（ソフトウェア業界）～95%（広告代理店）向上させる。
◆どの顧客、社員、そして株主のロイヤルティを向上させるかをまず決めるべきである。
◆その選別した3つの利害関係者グループに対し、どの種類・どの程度競合と異なる価値を提供すべきかを決める。
◆基準はコスト対効果、つまり必ずしも顧客の数ではなく、長期的に購買が続く優良顧客層の選別と集中による効果を重視する。
◆短期的な利益でなく、顧客の生涯価値を高められるような価格政策、品揃え、社員インセンティブ、サービスレベルを決める。

◆顧客セグメント（細分化）の程度により、平均顧客維持率が72～90％上下する。（2％の値引きのために競合へスイッチする顧客がいる一方、20％の値引きでも動かない顧客も存在）

◆ある証券会社のブローカーの定着率を80％から90％へ10ポイント上げるだけで平均55％の利益向上を達成する。

◆ファーストフード店のあるチェーンで、離職率の低い店（平均100％）は、離職率の高い店（平均150％）に比べて、利益率が50％高かった。

◆従業員の報酬と生産性のミスマッチは官僚主義によってもたらされる

◆失敗（顧客離反）の根源的理由は「なぜ」を5回繰り返すことで聞き出す。

◆顧客満足と顧客ロイヤルティには大きな隔たりが存在している。

◆自動車販売業界では、顧客の90％が現在満足または非常に満足しているが、業界の再購入率は30～40％である。

◆ロイヤルティ評価管理には、2種類の報告書を作成する。それは「人的資本バランスシート」と「価値フロー計算書」である。

◆財務会計の損益計算書が「企業→株主」の価値フローしか示していないのに対し、価値フロー計算書は「企業→顧客」、「企業→社員」、「顧客→企業」、「社員→企業」、「株主→企業」という5つの価値フローを体系的に観察することができる。

◆離反した顧客の60～80％が離反する以前のアンケート調査で満足または非常に満足している、と回答。

◆顧客ロイヤルティに必要な視点は、コストと利益のバランスである。

●著者プロフィール

フレデリック・F・ライクヘルド（Frederick F.Reichheld）

ベイン&カンパニー名誉ディレクター。ハーバード大学卒業後、ハーバードビジネススクールにてMBA取得。ロイヤルティ研究における権威として、数多くの欧米主要企業のコンサルティングに従事。ハーバードビジネスレビュー、ウォールストリートジャーナルでも多数論文を発表。

ロイヤルティマネジメントのプロセス

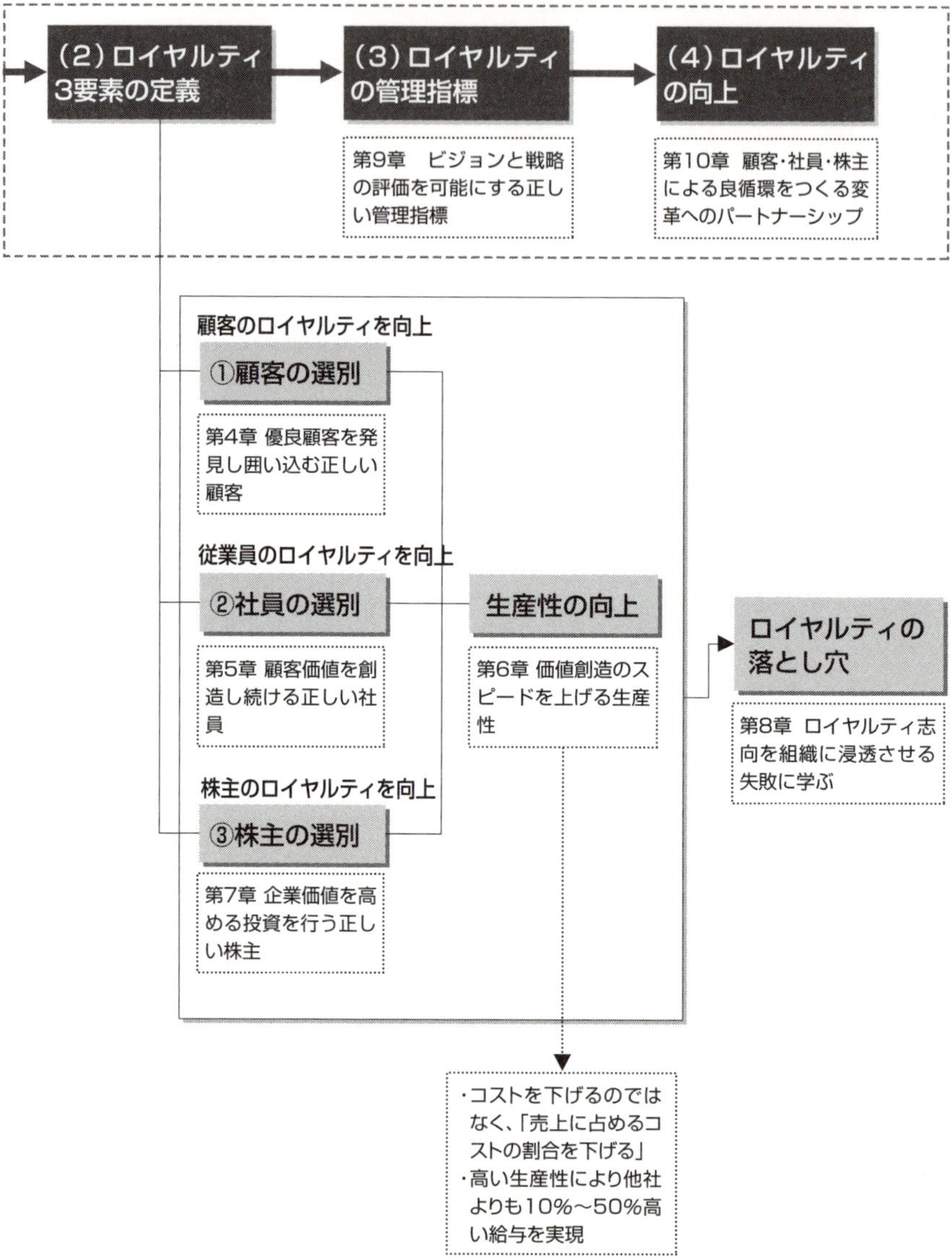

(2)ロイヤルティ3要素の定義
(3)ロイヤルティの管理指標
第9章　ビジョンと戦略の評価を可能にする正しい管理指標
(4)ロイヤルティの向上
第10章　顧客・社員・株主による良循環をつくる変革へのパートナーシップ
顧客のロイヤルティを向上
①顧客の選別
第4章 優良顧客を発見し囲い込む正しい顧客
従業員のロイヤルティを向上
②社員の選別
第5章 顧客価値を創造し続ける正しい社員
株主のロイヤルティを向上
③株主の選別
第7章 企業価値を高める投資を行う正しい株主
生産性の向上
第6章 価値創造のスピードを上げる生産性
・コストを下げるのではなく、「売上に占めるコストの割合を下げる」
・高い生産性により他社よりも10%～50%高い給与を実現
ロイヤルティの落とし穴
第8章　ロイヤルティ志向を組織に浸透させる失敗に学ぶ

『顧客ロイヤルティのマネジメント』目次　体系マップ

(1)ロイヤルティの重要性

第1章　持続的な成長を実現するロイヤルティと企業価値

事例１「成功事例」

第2章 先進企業の戦略に学ぶ顧客への訴求価値の転換

事例2「測定証明」

第3章 生涯利益に基づいた意思決定を行う顧客ロイヤルティの経済性

〝「サービス」に特化したマーケティングの体系書〟

『サービス・マーケティング原理』

Principles of Service Marketing and Management

クリストファー・ラブロック＋
ローレン・ライト（著）
小宮路雅博（監訳）
高畑 泰＋藤井大拙（訳）
白桃書房 刊
本体価格 3900円

◆キーワード◆

① マーケティング
② サービスマーケティング

機能別分類

ゼネラルマネジメント	
論理的思考	
技術経営・アントレプレナーシップ	
ヒト（ヒューマンリソース・組織行動）	○
モノ（マーケティング）	◎
カネ（会計・財務）	
戦略	

キャリア職位別分類

初級者	◌
中級者（マネージャー）	◌
上級者（シニアマネージャー）	◎

1分解説

戦後50年あまりで、世界の産業構造は大きな変遷を遂げてきた。多くの国で、経済の大部分をサービス業が占めるようになってきており、世界中で新規雇用の大多数を創造している。実際、サービスセクターは発展途上国の経済の半分以上を占め、先進諸国の経済の70%を超えているという。

そのような中、サービスのマーケティングについて本格的な研究が始まったのは１９７０年代であったといわれる。サービス業が産業構造の中で重要な地位を占めるにつれ、注目を集めてきたサービス・マーケティングであるが、意外なことに、世界中のビジネススクールの主要カリキュラムに取り入れられたのは１９９０年代に入ってからといわれている。

本書は、このサービスマーケティングの権威であり、この領域で確固たる地位を築いたラブロックによってまとめられ、サービス研究の統合的アプローチを示した体系的な大著といえる。サービスの持つ特性ゆえに、マーケティング分野のみならず、オペレーションや人的資源管理とあわせた3分野で統合的なサービスマネジメントとして構築をした書籍として評価されている。

要旨

いわば、コンパクトなサービスマネジメント版『コトラーのマーケティング・マネジメント』といえ、体系的にサービス品質評価の世界標準といえるSERVQUAL品質評価基準概要など、サービスマーケティングの理論的枠組みを網羅的に述べている。

すべてのサービスは同一ではないものの、重要な特性において共通している。しかし、サービスの本質を理解し、自社が提供すべきサービスの内容とレベルを考える上で、サービスをいくつかのカテゴリーに分類し、それぞれの分類に適した対応を考えることが重要であるという。

また、実践の場にいるマネジャーは、いかなる種類の仕事に携わっていても、

①マーケティング

②オペレーション
③人的資源管理
といった3つの職能が互いに結びついていることを認識し、理解しなければ現場で実践することができない、という。

　本書では、それぞれの各論を詳述し、サービス・マーケティングの戦略の構築（サービス・マーケティングミックスの構築）について述べた後、最後に現場におけるマネジメントを統合する。すなわち、需要と供給の予測と適合に関するマネジメント、サービスのマネジメントで特に重要となる待ち時間の管理に必要な行列と予約のマネジメント、そして顧客接点現場で活躍するサービス従業員の採用から離職を防ぐための人材の維持についての具体的な現場人的資源管理のマネジメントといった現場マネジメントの統合が図られている。

読書メモ

◆サービスは、そのプロセスの違いにより、次の4つに分類される。
①人の身体との物理的なコンタクトがあるもの（美容院、旅客輸送など）
②物理的対象物に関わるもの（クリーニング、貨物輸送など）
③人の心・精神・頭脳に分けられるもの（教育、エンターテイメントなど）
④情報に関わるもの（会計、保険など）

◆顧客は購買プロセスで次の3つのステージを辿る。
①購買前…ニーズ認識、情報探索、代替案の評価
②サービスエンカウンター…サービスのリクエスト、デリバリー
③購買後…パフォーマンスの評価、今後の意向
　このとき、コアプロダクトと補足的サービスは価値と品質をもたらすように設計すべき。

◆生産性と品質は同じコインの両面である（コスト対効果）。

◆顧客満足は、「知覚されたサービス÷期待されたサービス」という式で定義される。

◆高いサービス品質を実現している組織は顧客と従業

員双方の声を聞いている。

◆顧客ロイヤルティ向上には、顧客選びと価値の内容を検討する必要がある。

◆苦情処理はロイヤルティ維持に重要な要素である。

◆店舗やサービスにおける苦情を企業の本社・本部が把握している割合は5%に過ぎない。

◆苦情が満足する形で解決された場合の再購入意向は69~80%（満足しなかった場合の再購入意向は17~32%）である。

◆サービスデリバリー戦略のポイントは①いつ、②どこで、③どのように、デリバリーを行うかである。

◆価格を決める要素は複数ある。

例：劇場のチケット（①座席の位置、②公演時間、③公演に要する費用、④公演の人気度）

◆顧客エデュケーションとして、

①見込み顧客への情報提供と教育

②対象顧客の説得

③顧客の想起と動機付け

④既存顧客との関係維持と情報提供

を行なう必要がある。

◆サービスの需要変動に対する対応は供給体制として整備すべき。

◆行列は、来た順の原理が原則ではあるが、顧客のタイプごとに順番が変わるシステムもあり、その原理は①緊急性、②所要時間、③支払い価格、④顧客の重要度などで決めることができる。

◆①提案による参加、②職務設計への参加、③マネジメントへの参加などにより、段階的に権限委譲をすすめ、従業員参加のレベルを分けることで従業員ロイヤルティを向上させることができる。

◆従業員のリテンションと顧客のリテンションは比例する。

●著者プロフィール

クリストファー・ラブロック（Christopher Lovelock）

サービスマーケティング分野の権威。ハーバードビジネススクールをはじめとするビジネススクールで教鞭をとり、100をこえるケースを作成してきた。ハーバード・ビジネス・スクールにてMBA取得、スタンフォード大学にてPh. D. 取得。

→ **戦略と戦略に基づく戦術** → **他のマネジメントとの統合**

第3部 サービス・マーケティング戦略

マーケティング戦略策定 → **マーケティングミックス（4P）** → **サービス・マネジメントミックス**

第八章　サービスのポジショニングとデザイン

- **①製品（Products）**
  第九章　補足的サービス要素による価値の付加
- **②チャネル（Place）**
  第十章　サービスデリバリーシステムのデザイン
- **③価格（Price）**
  第十一章　サービスの価格とコスト
- **④プロモーション（Promotion）**
  第十二章　顧客エデュケーションとサービスのプロモーション

第4部　マーケティングとオペレーション、人的資源管理の統合

- **①現場のオペレーション**
  第十三章　サービスマーケターのための諸ツール
  第十四章　需要と供給能力のマネジメント
  第十五章　行列と予約のマネジメント
- **②現場の人的資源管理**
  第十六章　サービス従業員：リクルートからリテンションまで

『サービスマーケティング原理』目次　体系マップ

サービスの重要性

第1部 サービスの理解

サービスの環境分析

第一章　なぜサービスを学ぶか

第二章　サービス・プロセスの理解

第三章　顧客コンタクト

第四章　顧客から見たサービス

第2部 サービスによる価値の創造

サービス向上と効果

第五章　生産性とクオリティ：同じコインの両面

第六章　リレーションシップマネジメント

第七章　苦情への対処とサービスリカバリー

〝マーケティング領域の「ブランド」に関する研究〟

『ブランド・エクイティ戦略』

競争優位をつくりだす名前、シンボル、スローガン

Managing Brand Equity

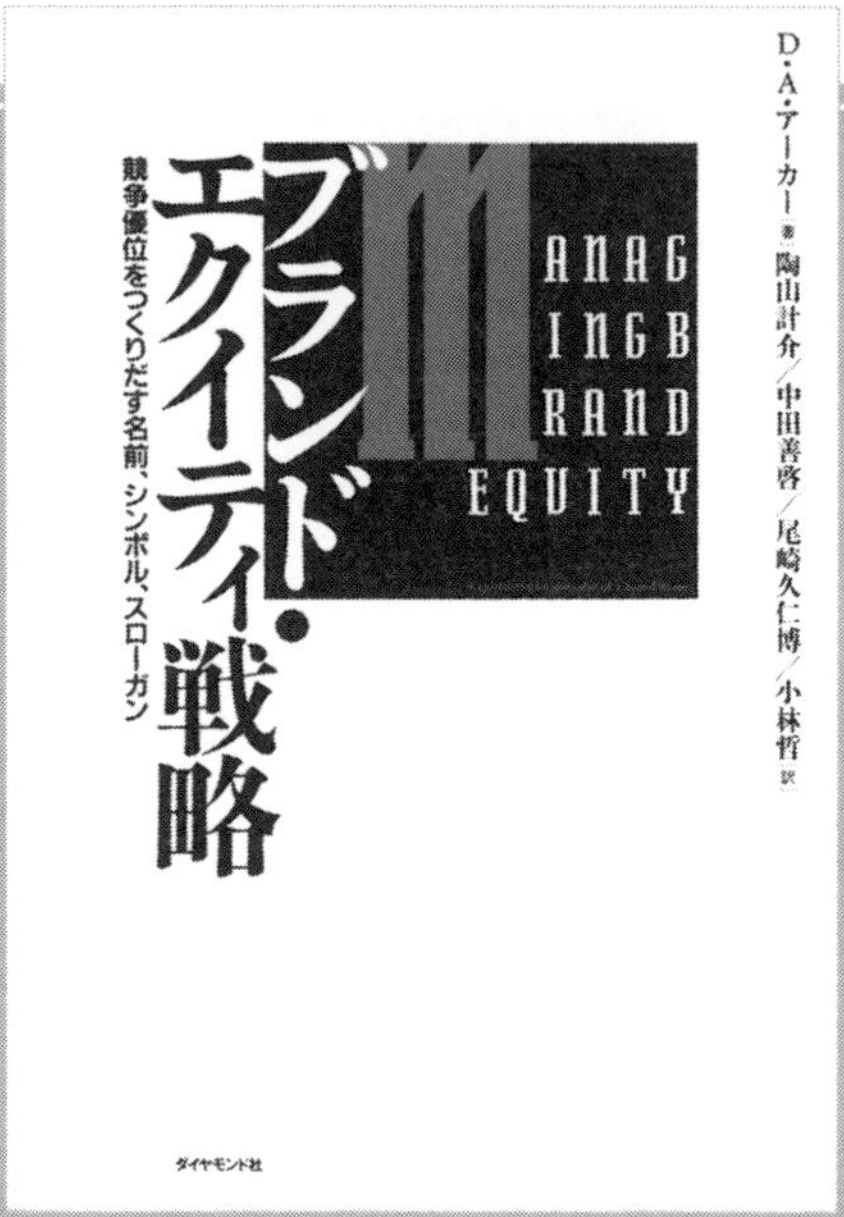

D・A・アーカー（著）
陶山計介＋中田善啓＋
尾崎久仁博＋小林 哲（訳）
ダイヤモンド社 刊
本体価格 3800円

◆キーワード◆

① マーケティング
② ブランド
③ ロイヤルティ
④ 顧客維持

機能別分類

ゼネラルマネジメント	
論理的思考	
技術経営・アントレプレナーシップ	○
ヒト（ヒューマンリソース・組織行動）	
モノ（マーケティング）	◎
カネ（会計・財務）	○
戦略	○

キャリア職位別分類

初級者	◌
中級者（マネージャー）	◌
上級者（シニアマネージャー）	◎

1分解説

競争が激しく、製品の差別化が困難を極める中、企業やサービスのブランドが顧客に与える影響はますます拡大してきている。しかしながら、一方で新たなブランドの確立も難しく、お金もかかるということもまた事実である。単なる価格の調整によるプロモーションもまた商品のコモディティ化（日用品化）を促し、獲得できる利益を圧縮してしまう。

　このような状況下においてこそ、持続的な競争優位を実現するブランドをどのように確立し、また価値を高められるかが重要になってくるが、このブランドマネジメントの第一人者であるD・A・アーカーによって1991年に生まれたバイブルが本書『ブランド・エクイティ戦略』である。

要旨

われわれが日々意識せず活用する「ブランド」という言葉は、単にあるものを他のものと区別するためのものではなく、製品やサービスをより早く、そして確実に認知させるためのシンボルとなってきている。

　その重要性は企業の合併・買収時に高額で評価される優れた資産として見なされ、売買の対象としても捉えられることを考えても、経営戦略における中心的な企業の資産になっているといえる。

　アーカーは企業にとって重要なこれらの資産を「ブランド・エクイティ」という概念で説明する。これは、ブランド名やシンボルによるプラスまたはマイナスの資産価値を定義したものである。

　本書は、ブランド・エクイティを定義し、それがどのように価値を形成するかを示し、どのようなマーケティング上の意思決定によって、価値が生まれ、また失われたかということを示す調査結果や事例を提供する。また、ブランド・エクイティを管理・利用する方法、管理者が戦略的に考えなければならない問題点を提示している。

　通常、価値の認識は個人によって異なるといわれる。自社のブランド価値を有効に活かすためには、自社の理念やビジョン、戦略といったアイデンティティを明確に絞込み、一貫性のあるブランド戦略体系を構築する必要がある、という。

読書メモ

◆ブランドエクイティとは、ブランド、その名前やシンボルと結びついたブランドの資産や負債の集合のことである。

◆ブランドエクイティは、

①ブランドロイヤルティ（ブランドへの忠誠）
②ブランド認知（ブランドがよく知られること）
③知覚品質（品質に関して感じること）
④ブランド連想（ブランドに結び付けられた〝特定の連想〟）
⑤他の所有権のあるブランド資産（特許・商標など）

の5つのカテゴリーで構成される。

◆ブランド・ロイヤルティとは、顧客がブランドに対して持つ執着心の測度であり、顧客が他のブランドにどの程度スイッチするかを表す。

◆ブランドロイヤルティを維持するには、

①顧客を正当に扱う
②顧客の近くに位置する
③顧客の満足を測定し、管理する
④スイッチングコストを作り出す
⑤メリット（景品）を与える

という5つが必要となる。

◆ブランド連想とは、ブランドに関する記憶と関連しているすべてのもので、

①製品特性（製品の性能など）
②無形資産（技術・健康など無形の特性の評判）
③顧客便益（ブランドを顧客の便益と関連づける）
④相対価格（価格の違いをブランドと関連づける）
⑤使用・応用（ブランドを使用状況・使用方法と関連づける）
⑥使用者／顧客（ブランドを製品使用者・顧客と関連づける）
⑦名声／人物（有名人とブランドを結びつける）
⑧ライフスタイル／個性（ブランドの個性・ライフスタイル特性）

⑨製品クラス（製品のポジション）
⑩競争業者（評価基準となる競争業者）
⑪国／地理的区域（例　イタリアの革製品など）
というタイプがある。

◆ブランド連想を維持するためには、次の3つが実現できている必要がある。
①時間に関係なく首尾一貫性がある
②マーケティング・プログラムに関係なく首尾一貫性がある
③損害が最小になるように災難を管理する

◆拡張されたブランドと元のブランドとの適合は、使用状況の共通性、機能的便益、名声との関連、使用者のタイプ、シンボルなどに依存している。

◆ブランドの再活性化の方法には、
①使用量の増大
②新規用途の発見
③新市場への参入
④ブランドの再ポジショニング
⑤製品／サービスの拡大
⑥既存製品の陳腐化
⑦ブランド拡張
がある。

◆ブランド・エクイティの測定方法には、
①価格プレミアム
②顧客の選考に与える影響
③取替原価（ブランド代替の推定コスト）
④株価の動向
⑤ブランドの将来利益
という5つのアプローチがある。

●著者プロフィール

デービッド・A・アーカー（David A. Aaker）

1938年、アメリカ・ノースダコタ州生まれ。スタンフォード大学Ph. D。カリフォルニア大学バークレー校ハース経営大学院教授をつとめ、同大学名誉教授の称号を授与される。現在、プロフェット社副会長。著書に、『戦略市場経営』、『ブランド・エクイティ戦略』、『ブランド優位の戦略』、『ブランド・リーダーシップ』など。

実践

（2）ブランド価値戦略の策定と戦術実行

- ブランドの中心的な3つの識別要素
  第8章 名前、シンボル、スローガン
- ブランド拡張によるメリットとリスク
  第9章 ブランド拡張
- ブランドの活性化と衰退方法
  第10章 ブランドの再活性化
- 本書のまとめとしての全般的なモデルの提示
  第11章 ブランドのグローバル戦略と要約

『ブランド・エクイティ戦略』目次　体系マップ

基　礎

（1）ブランド・エクイティの定義・測定・管理

ブランド・エクイティ5つのカテゴリー

第1章 ブランド・エクイティとは何か

①ブランド・ロイヤルティ

第2章 ブランド・ロイヤルティ

②名前の認知

第3章 ブランド認知

③知覚品質

第4章 知覚品質

④（知覚品質に加えて）ブランドの連想

第5章 ブランド連想―ポジショニングの決定
第6章 ブランド連想の測定
第7章 連想の選択、創造、維持

⑤他の所有権のあるブランド資産

パテント（特許）、トレードマーク、チャネル関係など

第6章

カネ（会計・財務）

『企業分析入門　第２版』

『企業価値評価 バリュエーション』

『コーポレート・ファイナンス　第６版』（上・下）

『ＡＢＣマネジメント革命』

『ＥＶＡ創造の経営』

『決定版 リアル・オプション』

『リスク　神々への反逆』（上・下）

〝会計領域全体の体系書〞

『企業分析入門 第2版』

Business Analysis&Valuation

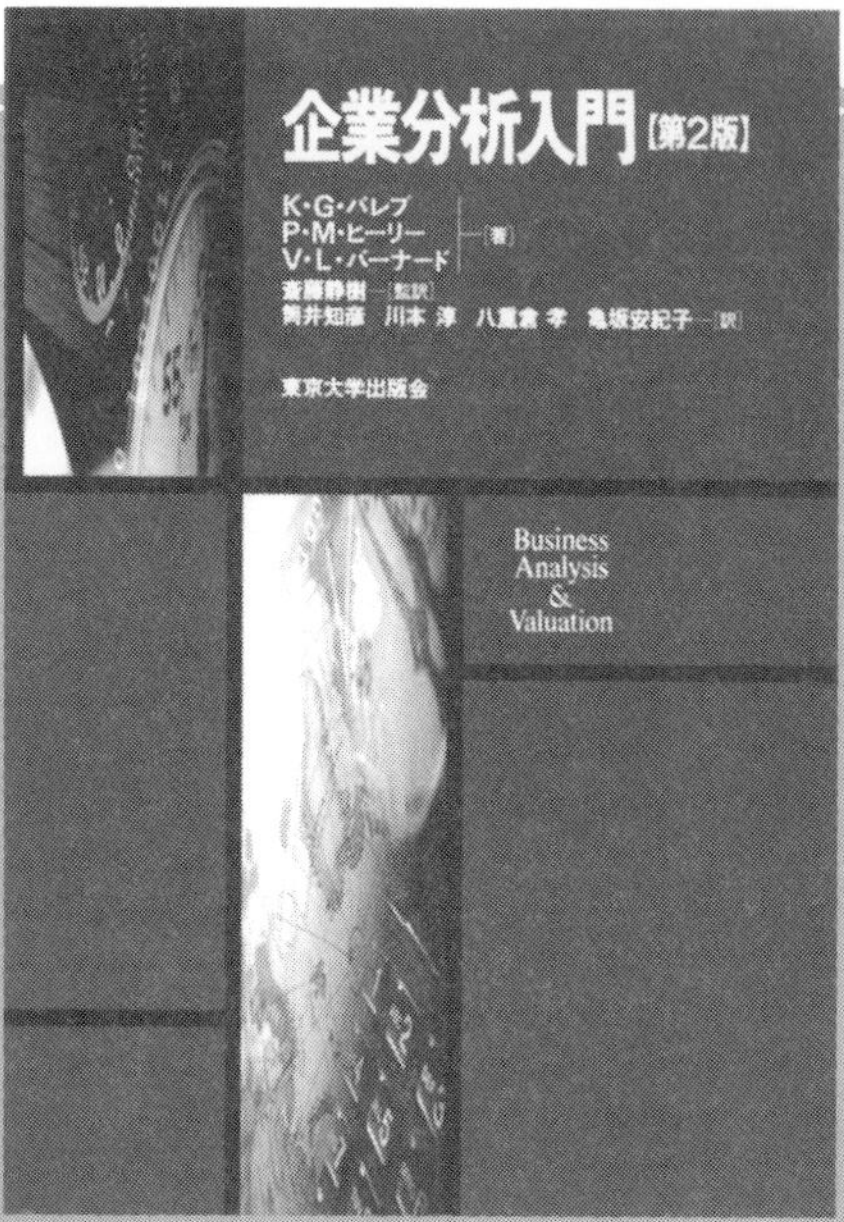

K・G・パレプ＋V・L・バーナード
＋P・M・ヒーリー（著）
斉藤静樹（監訳）、筒井知彦＋
川本 淳＋八重倉 孝＋亀坂安紀子（訳）
東京大学出版会 刊　本体価格 4800円

◆キーワード◆

① 経営戦略分析
② 会計分析、財務分析、将来性分析
③ 財務政策
④ ディスクロージャー

機能別分類

ゼネラルマネジメント	
論理的思考	
技術経営・アントレプレナーシップ	
ヒト（ヒューマンリソース・組織行動）	
モノ（マーケティング）	
カネ（会計・財務）	◎
戦略	○

キャリア職位別分類

初級者	◌
中級者（マネージャー）	◎
上級者（シニアマネージャー）	●

1分解説

財務諸表を利用した企業分析に関するバイブルといわれる本書は、会計情報を企業分析と企業評価に適用するための枠組みを提供する。

従来の財務諸表分析は、収益性、生産性、リスクの指標を財務比率によって分析し、時系列あるいは部門別で分析することのみを中心に論じられてきた。しかし、そのような伝統的な財務諸表分析では、現状の問題点を見つけることはできても、将来の予測やそれにもとづく企業の評価には役立っていなかったといわれる。

本書は、伝統的な比率分析の知識を踏まえながらも、それを将来の予測や分析に役立てる概念と手法を論じている。まさに定量的分析と定性的分析に橋をかけ、将来も含めた企業の総合的な分析を体系的に論じた書といえる。多くのビジネス・スクールでもアカウンティング授業の教科書に指定されており、この分野の最高峰の1つとされる名著である。

要旨

財務諸表を利用して、企業分析を行うステップは、大きく、①経営戦略分析②会計分析③財務分析④将来性分析といった4つに分けられる。

まず、最初の①経営戦略分析（a.産業分析、b.競争戦略分析、c.企業戦略分析）では企業の収益決定要因や重要なリスクを明らかにすることができる。特に、産業分析では、産業の収益性を把握するためにファイブフォース分析を使用し、競争戦略分析では、ポーターのいう競争優位を作るためにコスト優位か差別化のどちらを採用していて、その実行のための能力が備わっているか、優位性が持続するかなどを検討する。企業戦略分析では、個々の事業の戦略でなくそれを束ねた企業がシナジーを発揮しコスト優位、差別化が実現できる能力があるかなどを把握する。

②会計分析では、主に損益計算書、貸借対照表、キャッシュフロー計算書のいわゆる財務三表を利用して行われる。分析は、大きく、「資産の分析」「負債・持

分の分析」「収益の分析」「費用の分析」「会計エンティティ分析」の5つに分けられる。会計分析の目的は、会計が事業の根底にある真実をどの程度捉えているかを評価することにある。会計数値にゆがみが出る可能性のある箇所を資産、負債・持分、収益、費用、会計エンティティで診断し、その歪みの程度を評価することができる。そして会計数値を真実な数値に修正したうえで、次の財務分析へ移る。

③財務分析では、財務数値を利用して、企業の現在と過去の業績を比較し、その業績の持続性を評価することにある。ここでは比率分析とキャッシュフロー分析という2つのツールを用いて行われるが、比率分析は損益計算書、貸借対照表を、キャッシュフロー分析にはキャッシュフロー計算書を活用して分析を行う。

分析は売上高純利益率（営業活動の管理）、資産回転率（投資の管理）、財務レバレッジ（負債の管理）を中心に評価し、ＲＯＥ（自己資本利益率）のレベルを診断する。キャッシュフロー分析は、企業の営業活動、投資活動、財務活動を分析し、比率分析をサポートしている。

最後の④将来性分析は「予測」と「評価」の2段階に分かれて行われる。「予測」は、先に行った経営戦略分析、会計分析、財務分析、から得られた将来の見通しを集約し、売上高、費用、利益、バランスシート項目、キャッシュフローを予測する。予測から企業価値を導く「評価」のステップでは、企業が将来どのくらいの企業価値になるかを予想する。企業評価の方法は、株価倍率による方法や割引キャッシュフロー法、割引超過利益評価法など多数あるがそれぞれ長短合わせ持つため、本書では12章で事例を使ってわかりやすく、かつ詳細に説明している。

また、本書では、「株式分析」、「債権分析と財務危機の予測」、「企業の財務政策」、「企業買収」、「経営者による情報公開」など、各意思決定場面において実在する5社の事例を使って一連の企業分析を行い、実践における深い理解を促している。

読書メモ

◆経営者は、会計や情報開示の方針を選択することで、財務報告を利用する外部の利用者が事業の真実の姿を理解するのを困難にすることができる。

◆経営戦略分析によってアナリストは定性レベルで企業の経済性を評価することが可能になり、これが財務諸表分析の出発点として重要な役割を演じる。

◆財務報告制度のフレームワークを理解することで、会計数値がどの程度歪んでいるのかを評価することができる。

◆企業の現在の資本構成や配当政策が、株主の価値を最大化しているかを評価するのに有用な分析ツールは、オフバランスの負債を見極めるための会計分析、事業リスクを解釈するための比率分析、投資ニーズを調べるためのキャッシュフロー分析および将来分析である。

●著者プロフィール

クリシュナ・G・パレプ（**Krishna G. Palepu**）
インドのアンドーラ大学で物理学の学士と修士、インド経営大学院で経営学修士（ＭＢＡ）を終えた後、米国マサチューセッツ工科大学（ＭＩＴ）において博士の学位を取得。１９８３年からハーバード大学ビジネス・スクールで教え、現在は同校教授。会計およびコントロール部門のチェアマンを兼ねている。

ポール・M・ヒーリー（**Paul M. Healy**）
ニュージーランドのビクトリア大学で会計およびファイナンスの学士、その後、米国ロチェスター大学に学び、経済学で修士（ＭＳ）、経営学で博士の学位を取得。１９８３年からマサチューセッツ工科大学（ＭＩＴ）スローン・スクールで教え、同校教授を経て１９９７年からハーバード大学ビジネス・スクール教授。

ビクター・L・バーナード（**Victor L. Bernard**）
１９９５年死去。イリノイ大学において博士の学位を取得。本書執筆時はミシガン大学教授。同大学ペイトン会計センタ所長やアメリカ会計学会研究部長を歴任。

企業分析の応用

第Ⅲ部　企業分析の応用

株式市場

13.　株式分析

債券市場

14.　債権分析と財務危機の予測

企業買収政策

15.　企業買収

主な財務政策

16.　企業の財務政策

IR政策

17.　経営者による情報公開

事例研究

第Ⅳ部　企業分析の事例

インターネットサービスプロバイダー

America Online,Inc

日曜大工用品（DIY）倉庫型小売店

The Home Depot,Inc

靴メーカー

Maxwell Shoe Company,Inc

電気設備会社

Schneider and Square D

カジュアル衣料メーカー

The Gap,Inc

『企業分析入門【第2版】』目次　体系マップ

企業分析の基礎

第Ⅰ部　序論

1. 財務諸表を利用した企業分析および評価のフレームワーク

第Ⅱ部　企業分析の道具

2. 経営戦略分析

・産業分析
・競争戦略分析
・企業戦略分析

3. 会計分析

4. 資産の分析
5. 負債および持分の分析
6. 収益の分析
7. 費用の分析
8. 会計エンティティ分析

9. 財務分析

・比率分析
・キャッシュフロー分析

10. 将来性分析

・予測
・評価理論と概念
・企業評価の実際

〝財務領域の企業価値に関する体系書〟

『企業価値評価　バリュエーション』

価値創造の理論と実践

Valuation, Measuring and Managing the Value of Companies

マッキンゼーアンドカンパニー+
トム・コープランド+ティム・コラー+
ジャック・ミュリン（著）
マッキンゼー・コーポレート・ファイナンス・グループ（訳）
ダイヤモンド社 刊　本体価格 4800円

◆キーワード◆

① 割引キャッシュフロー法
② CAPM（資本資産評価モデル）
③ WACC（加重平均資本コスト）
④ リアル・オプション

機能別分類

ゼネラルマネジメント	
論理的思考	
技術経営・アントレプレナーシップ	
ヒト（ヒューマンリソース・組織行動）	
モノ（マーケティング）	
カネ（会計・財務）	◎
戦略	○

キャリア職位別分類

初級者	◌
中級者（マネージャー）	◎
上級者（シニアマネージャー）	●

1分解説

株価は事業の価値、ひいては株主価値と連動しており、事業価値を向上しなければ株価は上昇しないというのがファイナンス理論の原点である。企業は、事業を通じて価値を創造し、企業価値を向上させ、株価を上げなければならないが、それには具体的に企業は何をしていけば良いかを考えなければならない。

この問いに答えるために、本書では企業価値がなぜ必要なのか、そしてそれをいかに管理していくか、企業価値の算定方法といった理論的フレームワークを押さえた上で、事例を使いながらどうすれば企業価値を創造する経営を行うことができるかについて論及している。

各国のMBAプログラムの指定教科書としても多く使用され、後述するブリーリ&マイアーズ著の『コーポレート・ファイナンス』と並び、まさにコーポレート・ファイナンスのバイブルといわれている書籍である。

要旨

企業価値を創り出し、管理する能力は経営を行う上で不可欠である。では企業価値創造の本質とは何であろうか。それは次の5つである。

①投下した資産が資本の機会費用を上回るリターンを生み出すことで価値が創造される

②将来キャッシュフローもしくはエコノミックプロフィットの現在価値を最大化する戦略を取ることで、価値が創造される

③ROIC（投下資本利益率）が資本コストを上回る限り成長により価値が創造される

④株価というものは企業の将来の業績に対する市場の期待で決まる。しかし市場の期待は正確な業績予測によるものとは限らない

⑤株主が得るリターンの大きさは、主として企業の将来の業績への期待と実績の格差で決まる。

一方、これらを実行する際の指標として、

①株式市場のパフォーマンス〈株主価値創造ができて

いるかどうかを判断する最終的な指標は株式市場であり、ＴＲＳ（株主投資利回り）ＭＶＡ（市場付加価値）などが基準となる〉

②企業価値〈ＤＣＦ法・ＰＥマルチプル法などを使って算出〉

③財務指標〈ＲＯＩＣ（投下資本利益率）・成長率〉などを活用していく。

また、業績をどのように達成しているかという分析や、将来業績がどのように変化するかを見るためのシミュレーションには、特に企業価値に大きな影響を及ぼす要因といえるバリュー・ドライバーが何かを見極め、それらをコントロールすることが重要であるという。

そして、最終的に価値創造経営を実現するためには、

①アスピレーションと数値管理
②事業ポートフォリオ管理
③組織設計
④バリュー・ドライバーの見極め
⑤事業部門の業績管理
⑥個人の業績管理

という6つの活動領域があるが、これらの推進のためには経営トップのコミットメントが不可欠であるという。

読書メモ

◆現実の世界で、企業は株主投資利回り、割引キャッシュフロー法（ＤＣＦ法）、エコノミック・プロフィット、経済的付加価値（ＥＶＡ）、投資キャッシュフロー利益率（ＣＦＲＯＩ）、投下資産利益率（ＲＯＩＣ）、一株当たり利益（ＥＰＳ）という経営指標を使用するが、目的に応じて使い分けるべきである。

◆過去の収益性の分析で使用するＲＯＩＣ（投資資本利益率）は、投資に対するリターンに影響を及ぼす主要因について把握することができる。そのためには、ＲＯＩＣを営業利益率（ＥＢＩＴＡ／売上高）と資産回転率（売上高／投下資産）に分解することにより、企業が売上からどれだけ効率よく利益を上げているか、投下資本をどれだけ効率的に活用しているかを把握することができる。

◆株式市場で多様なリストラ手法が導入され、事業再編の選択肢が拡大した。従来の事業の売却に加え、スピン・オフ、マネジメント・バイアウト（ＭＢＯ）、トラッキングストック、資本のカーブアウトなどである。これらのオプションのうち、株主にとってどれが適当かを決定する際、企業価値評価は重要になる。

◆エマージング・マーケット（新興成長市場）における企業価値の算定方法は、

①カントリー・リスクプレミアムを含まない資本コストを用いて、シナリオごとにキャッシュフローを割引き、シナリオの発生確率で加重平均を取る方法

②カントリー・リスクプレミアムを含む方法によって、キャッシュフローを割引く方法

③公表されている時価総額あるいはトレーディング・マルチプルを用いる方法

があるが、いろいろな方法で比較し、価値のレンジを求めるのが望ましい。

◆日本とアメリカにおける企業価値評価の主要な相違は、規制によるビジネス上の慣習の違い、会計基準の違いによる会計上の数値の見方の違い、税制の違い、日本の資本市場の特異性に起因する。

●著者プロフィール

マッキンゼー・アンド・カンパニー

世界44カ国に83の支店を持ち、７０００名のコンサルタントがグローバルに活動を展開する経営コンサルティングファーム。

トム・コープランド（Tom Copeland）

カリフォルニア大学ロスアンジェルス校（ＵＣＬＡ）のビジネススクール教授を経て、マッキンゼーにて、コーポレート・ファイナンス・アンド・ストラテジー・グループのリーダーを務めた。現在、モニターカンパニーのディレクター。

ティム・コラー（Tim Koller）

スターンスチュワート社のヴァイスプレジデントを経て、マッキンゼー入社、現在、プリンシパル。

ジャック・ミュリン（Jack Murrin）

マッキンゼーでパートナーを務めた後、バンカース・トラストのシニア・マネージング・ディレクター等の要職を歴任。米国公認会計士。

実践編

- **企業価値算定方法の基本的フレームワークの解説**
  - 第八章　企業価値評価のフレームワーク
- **評価プロセス**
  - 第九章　過去の業績分析
  - 第十章　資本コストの推定
  - 第十一章　将来の業績予測
  - 第十二章　継続価値の算定
- **評価（算定）結果から言えるメッセージ**
  - 第十三章　企業価値の算定結果の分析

応用編

- **複数の事業を行う企業のケース**
  - 第十四章　複数の事業を行う企業の価値評価
- **製紙、化学会社など、収益に周期的変動が見られる企業のケース**
  - 第十五章　周期的変動のある企業の価値評価
- **米国以外（欧州など）の先進国の企業のケース**
  - 第十六章　アメリカ以外の国々での企業価値評価
- **韓国、ブラジルなど新興国の企業のケース**
  - 第十七章　エマージングマーケットにおける企業価値評価
- **オプション理論を取り入れて企業価値を評価するケース**
  - 第十八章　リアルオプションによる企業価値評価
- **（事業会社ではなく）金融機関を対象とケース**
  - 第十九章　銀行価値評価
  - 第二十章　保険会社の価値評価
- **日本企業のケース**
  - 第二十一章　日本企業の価値評価

『企業価値評価』目次　体系マップ

理論編

企業価値評価の意義
第一章　なぜ企業価値を評価するのか

企業価値評価の全体像
第二章　企業価値を創造する経営者

価値評価から価値創造へつなぐ経営の全体像
第三章　価値創造の本質

評価指標の関係と使い方
第四章　どの評価指標を使うか

キャッシュフロー経営の重要性に関する裏づけ
第五章　キャッシュフローの重要性

価値創造経営（VBM）の実践法
第六章　価値創造経営

他社を巻き込んだ価値創造経営（VBM）
第七章　合併、買収、ジョイントベンチャー

"財務領域全体の体系書"

『コーポレート・ファイナンス 第6版』(上・下)

PRINCIPLES OF CORPORATE FINANCE

リチャード・ブリーリー＋
スチュワート・マイヤーズ（著）
藤井眞理子＋国枝繁樹（監訳）
日経BP社 刊
本体価格 各5000円

◆キーワード◆

① 純現在価値（NPV）
② リスク
③ 資本資産評価モデル
④ 加重平均資本コスト

機能別分類

ゼネラルマネジメント	
論理的思考	
技術経営・アントレプレナーシップ	
ヒト（ヒューマンリソース・組織行動）	
モノ（マーケティング）	
カネ（会計・財務）	◎
戦略	○

キャリア職位別分類

初級者	◌
中級者（マネージャー）	◎
上級者（シニアマネージャー）	●

1分解説

企業は、事業という実物資産への投資を行って価値を生み出し企業価値を増加させるが、コーポレート・ファイナンスの目的はまさにその企業価値を増大させることにある。本書ではこの財務上の意思決定について包括的に、かつわかりやすく論じられており、財務担当者が企業環境の変化に対応し応用できる基礎理論が精緻に論じられている。

原著は、１９８１年に発刊されたが、それ以降版を重ね全世界8地域で刊行されている。欧米の多くのトップ・ビジネススクールにおいても指定テキストとして使用されており、コーポレート・ファイナンスのバイブルとして高い評価を受けている。

要旨

本書は、財務上の意思決定に関して包括的に論じられている基本書である。企業は価値を増加させるために投資を行う。そのプロセスは、次のようにまとめられる。

①投資を行うために投資家・債権者から資金を調達する

②調達した資金を価値を増大するような事業等に投資を実施する

③投資から資金を回収する

④その資金を返済・分配に充てる

そこで、価値を高めるためにはどのように資金を調達すればよいのか、価値を高める投資をどのように見極めればよいのか、価値を高めるにはどのような資本構成にすればよいのか、価値を高めるための収益の分配方法はどのように行うか、リスク管理をどのように行えばよいのか、などが問題となるが、上記の問題すべてに解を与える網羅的な内容を、実にわかりやすく体系的にまとめている。

読書メモ

◆１００ドルを投資し、その後２つのコインを投げたとする。表が出た回数に応じて投資した額に20%加えた額が得られ、裏が出た回数に応じて投資した額から10%差し引かれるケース（ケース1）と、表が出た回数に応じて投資した額に35%加えた額が得られ、裏が出た回数に応じて投資した額から25%差し引かれるケース（ケース2）を考えてみる。ケース1では、期待収益率は10%で標準偏差は21となる。ケース2では10%であるが標準偏差は42となる。よってケース2はケース1の2倍のリスクがあることになる。

◆近所のキャデラックの販売店が、あなたに特別サービスとして4万５００１ドルでキャデラックの新車と好きな映画スターと握手ができる機会を与えてくれたとする。あなたはキャデラックの製品としての価値を評価し4万６０００ドルと見積もれば、ディーラーが映画スターと握手することに９９９ドル支払ってくれるということになる。一方、キャデラックの製品としての価値を4万５０００ドルと見積もれば、あなたが握手に1ドル払うことになる。誤った予測をしないためにも市場価値から出発しなければならない。

◆10年前に6万ドルで家屋を購入する際、価格の50%である3万ドルの融資を受けたとする。現在この家屋には12万ドルの価値があるとする。ここで当初の融資3万ドルを返済し、新たに6万ドルの融資を受けたとする。6万ドルの融資も現在の市場価値の50%となるが、負債の簿価に対する比率は１００%（家屋の簿価は取得時の6万円）となる。簿価情報しか取得できない分析者は、10年前の簿価による負債比率50%と比較して「以前より負債に依存している」と判断するかもしれないが、実際は家屋の市場価値に対する比率は50%で、負債比率が上昇しているわけではない。

◆社債を発行していないU社と8%の金利で１０００ドルを社債で資金調達しているL社を比べる。L社は社債の節税効果分（法人税率35%とする）である28ドル（80ドル×35%）分所得が増加する。L社は毎年28ドルのキャッシュフローの増加を永続的に期待できる。よって節税効果の現在価値は３５０ドル（28ドル÷8%）となる。

◆技術を廃棄するというプット・オプションを持っていた場合の価値評価を考える。廃棄できないプロジェクトの価値（原資産の現時点での価値）が１２００万ドルであるとする。需要が好調な場合、１年目には価値が50％上昇し１８００万ドルになるが、不調な場合価値は３分の１下がり８００万ドルになるとする。好調な場合は、プロジェクトを継続するが、不調な場合プロジェクトを廃棄し、１０００ドルで売却するオプションを選択するのが得である。この場合のプット・オプションの価値は２００万ドル（１０００万ドル－８００万ドル）となる。また金利５％の場合、期待ペイオフ１０８万ドルを金利５％で割引くと１０３万ドルとなる。リアル・オプションでは、原資産の現時点での価値１２００万ドルにオプションの価値１０３万ドルを加え、１３０３万ドルにプロジェクトの価値が増大する。

●著者プロフィール

リチャード・A・ブリーリー（**Richard A. Brealy**）

イングランド銀行総裁の特別顧問、ロンドン・ビジネス・スクールのファイナンス担当客員教授。１９６８年より１９９８年までロンドン・ビジネス・スクール教授の職にあり、ヨーロッパ・ファイナンス学会の会長を務めた。また、ブラットル・グループ、カナダのサン・ライフ・アシュアランス社の在英持ち株会社および東海デリバティブ・プロダクツの役員も歴任している。ブリーリー教授の著作は、『Introduction to Risk and Return from Common Stocks』ほか多数。

スチュワート・C・マイヤーズ（**Stewart. C. Myers**）

MITスローン・スクール・オブ・マネージメントのファイナンス担当、ゴードン・Y・ビラード教授。マイヤーズ博士は、アメリカ・ファイナンス学会の元会長であり、全米経済研究所のリサーチ・アソシエートである。財務上の意思決定、価値評価法、資本コストおよび政府の産業規制の財務的な側面を中心にし研究活動を展開している。マイヤーズ博士は、ブラットル・グループの役員であり、財務コンサルタントとしても活躍している。

財務計画と短期の財務判断 → 合併とコーポレートガバナンス → 結論

第9部　財務計画と短期の財務管理

- 第28章　財務分析と計画
- 第29章　短期の財務計画
- 第30章　信用管理
- 第31章　現金管理
- 第32章　短期の運用と調達

第10部　合併および企業のコントロールとガバナンス

- 第33章　企業合併
- 第34章　コントロール、ガバナンスおよび財務構造

第11部　価値

- 第35章　結論（現状と課題）

ファイナンス理論における最も重要な7つの考え方

1. 純現在価値
2. 資本資産価格モデル
3. 効率的資本市場
4. 価値の加法性と価値保存の法則
5. 資本構成の理論
6. オプション理論
7. エージェンシー理論

ファイナンス理論における10の未解決問題

1. 重要な財務的な意思決定はどのように行われるか
2. プロジェクトのリスクと現在価値を決めるものは何か
3. リスクとリターンのほかに欠けているものは何か
4. 効率的市場仮説の例外と考えられる事例はどのくらい重要か
5. 経営陣はオフバランスの負債か
6. 新しい証券や新しい市場の成功をどのくらい説明できているのか
7. 配当論争はどこまで解決できるか
8. 企業が負うべきリスクは何か
9. 流動性の価値とはなにか
10. 我々は合併ブームをどのくらい説明できるのか

『コーポレートファイナンス 第6版』（上・下）目次 体系マップ

価値評価と投資判断 → 長期の資金調達とリスク管理

価値評価と投資判断

第1部 価値

- 第1章 ファイナンスと財務担当者
- 第2章 現在価値と資本コスト
- 第3章 現在価値の計算
- 第4章 普通株式の価値
- 第5章 純現在価値が最善の投資決定基準となる理由
- 第6章 純現在価値ルールによる投資判断

第2部 リスク

- 第7章 リスク、リターン、資本コスト入門
- 第8章 リスクとリターン
- 第9章 資本支出予算とリスク

第3部 資本予算割当における現実的な問題

- 第10章 プロジェクトはブラックボックスにあらず
- 第11章 正の純現在価値はどこから生まれるのか
- 第12章 純現在価値の最大化

※第1部～第5部 ……上巻
第6部～第11部……下巻

長期の資金調達とリスク管理

第4部 資金調達の決定と市場の効率性

- 第13章 企業の資金調達と市場の効率性に関する6つの教訓
- 第14章 企業の資金調達の概要
- 第15章 企業はどのように証券を発行するのか

第5部 配当政策と資本構成

- 第16章 配当政策論争
- 第17章 負債政策は重要か
- 第18章 企業はどれだけ借り入れるべきか
- 第19章 資金調達と評価

第6部 オプション

- 第20章 オプションとその評価
- 第21章 リアル・オプション
- 第22章 ワラントと転換社債

第7部 負債による資金調達

- 第23章 負債の評価
- 第24章 多様な負債
- 第25章 リース

第8部 リスク管理

- 第26章 リスク管理
- 第27章 国際的なリスク管理

〝管理会計の1つの概念に関する研究〟

『ABCマネジメント革命』

米国企業を再生させたコスト管理手法

IMPLEMENTING ACTIVITY-BASED COST MANAGEMENT

R・クーパー＋R・S・カプラン＋L・S・マイセル＋E・モリッシー＋R・M・オーム（著）
KPMGピート・マーウィック＋KPMGセンチュリー監査法人（訳）
日本経済新聞社 刊　本体価格 3689円

◆キーワード◆

① ABC
② ABM
③ コスト・ドライバー
④ アクティビティ分析

機能別分類	
ゼネラルマネジメント	
論理的思考	
技術経営・アントレプレナーシップ	
ヒト（ヒューマンリソース・組織行動）	○
モノ（マーケティング）	
カネ（会計・財務）	◎
戦略	○

キャリア職位別分類	
初級者	◌
中級者（マネージャー）	◌
上級者（シニアマネージャー）	◎

1分解説

１９８０年代のアメリカ企業を取り巻く経営環境は、競争の激化により非常に厳しくなっており、戦略の建て直しやコストの削減を余儀なくされていた。そこで企業は製造・物流・販売など顧客への製品・サービスを提供するために利用される経営資源の消費に関して正確な情報を必要としていた。

１９８０年代後半になると、収益性の向上とコストの削減を図るための情報を提供するアクティビティー・ベース・コスティング（ＡＢＣ）が注目を浴びるようになり、多くの書籍が刊行され、セミナー等が各地で行われていたが、実際のＡＢＣシステムの設計、ＡＢＣプロジェクト管理、ＡＢＣから得られた情報から採るべき意思決定、得る利益について体系的に説明したものは存在せず、経営者や管理会計部門がＡＢＣ導入を進めるにあたり教材となるべき事例研究が必要であった。

そこでハーバード大学のカプラン教授、クーパー教授とローレンス・マイセルがＫＰＭＧピート・マーウィックのコンサルティング部門と協力して実例にもとづく研究を実施し、その成果をまとめたのが本書といえる。

要旨

伝統的な原価計算システムとＡＢＣ（アクティビティ・ベース・コスティング）システムは異なる。

伝統的な原価計算は、間接費を最終生産物に集計する際、一定の基準で間接費を配布する。その一定の基準として、労働時間、機械稼働時間など量的な基準を用いている。しかし間接費として消費される資源は、生産量に比例して発生するものではない。よって今までは、どの製品、どの顧客グループが不採算であるのかが正確につかめることができなかった。

ＡＢＣシステムの設計は、

①アクティビティの明確化

②コストのアクティビティ別集計

③最終生産物の明確化

④アクティビティ・コストの最終生産物別集計

という4つのステップを踏む。よって、間接費を正確に最終生産物に割り振ることができ、適正な原価を計算することができる。

また、ＡＢＣは原価計算システムというよりもむしろ、経営管理システムである。本書のケースは、製造業、金融サービス業、大手エネルギー会社であったが、その中でＡＢＣ分析から得られた視点に基づいて意思決定や行動をとっているのも見受けられた。つまり、製品・サービスの導入・撤退、価格設定、製品・顧客ごとの生産・物流・マーケティングのレベルの設定、ビジネスプロセスの再設計などに関して意思決定が行えたことである。

しかし一方で、一部の事例企業にプロジェクトの進行に遅れが出ていたものもあることを示し、組織上の準備が不十分であったことを指摘している。ＡＢＣマネジメントを成功させるためには、分析プロセスでのプロジェクト管理のスキルと、意思決定・行動をとる際の組織的な変革プロセス管理のスキルが必要であることを指摘している。そして補稿において、ＡＢＣマネジメントを価値あるものにするために、ＡＢＣ導入の基本的なステップを紹介している。

読書メモ

◆伝統的な原価計算システムでは最終生産物の消費した資源のコストの集計は不正確なものになってしまう。

◆ＡＢＣシステムは、アクティビティごとに把握した原価を、コスト・ドライバーを用いて製品別に集計するため、正確なコストを算出することができる。

◆ＡＢＣシステムは、原価計算システムというよりもむしろ経営計画、予算統制に役立ち、経営管理システムということができる。

◆事例研究の結果、アクティビティおよびビジネスプロセス情報は、プロセスの改善・再構築、プロセス削減等に利用された。

◆コスト・ドライバー情報は、将来の業績改善の目標として利用されたり、また将来の製品設計、製品価格設定、顧客関係の管理にも役立った。

◆製品・顧客ごとのコストや収益性に関する情報は、

どの製品ライン、顧客グループ、市場セグメントで販売費・管理費を加味した利益がどの箇所で出ており、どの箇所で損失になっているのかを明らかにし、各々の製品・顧客に関して従来では予測できなかった高コストの理由を指し示すことができた。そしてこれらの情報を基に、製品ミックス、価格設定、顧客構成、プロセスの改善の意思決定が行われている企業も存在した。

◆ABCマネジメントを成功させるためには、分析プロセスでのプロジェクト管理のスキルと、意思決定・行動をとる際の組織的な変革プロセス管理のスキルが必要である。

●著者プロフィール

ロビン・クーパー（**Robin Cooper**）
クーパーズ・アンド・ライブランドに会計士として勤務後、1979年、ハーバード大学にてMBA取得（ベーカー奨学生）。1982年、ハーバード・ビジネス・スクールで経営学博士号取得。同年、ハーバード・ビジネス・スクール教授に就任。

ロバート・S・カプラン（**Robert S. Kaplan**）
後掲『キャプランとノートンの戦略バランストスコアカード』の項参照

ローレンス・S・マイセル（**Lawrence S. Misel**）
KPMGピート・マーウィックのマネジメント・コンサルティング部門国内責任者を経て、マイセル・コンサルティング・グループ設立。現在、同グループ責任者。管理職・財務・ライン管理等の部門で25年にわたるコンサルティング経験を持ち、現在はABCマネジメントを利用した利益改善、ビジネス・プロセスの再設計、パフォーマンス測定を専門に行う。

アイリーン・モリッシー（**Eileen Morrissey**）
KPMGピート・マーウィックを経て、現在、プライス・ウォーターハウス国内製造業経営コンサルティング部門シニア・マネジャー

ロナルド・M・オーム（**Ronald M. Oehm**）
現在、KPMGピート・マーウィック経営コンサルティング部門総責任者。

8つの事例研究

1.ABC実施を決意したきっかけ
2.実施プロセスと必要経営資源
3.ABCから得られた成果と内容
4.結果をもとにとった企業の行動

ケース① 半導体製造業
第3章 アドバンスト・マイクロ・デバイス

ケース② フィルター材料製造業
第4章 ファラル

ケース③ 金属加工・販売業
第5章 ウイリアムス・ブラザーズ・メタル

ケース④ インク製造業
第6章 アーコ・アラスカ・インク

ケース⑤ ミラー製造業
第7章 モナーク・ミラー・ドア・カンパニー

ケース⑥ 株式ブローカー/ディーラー
第8章 スチュワード・アンド・カンパニー

ケース⑦ 自動車部品ディーラー
第9章 スレード・マニュファクチャリング:HAP

ケース⑧ 食品製造業
第10章 クラフトUSA

ABCのまとめ

ケースから見たABCモデルの要約
第11章 ABCモデルの分析

ABCモデルの陥りやすい過ちと問題点
第12章 ABCプロジェクトの組織上の問題点

補稿 ABC導入の基本的なステップ

1.プロジェクトの範囲、時期、目的の決定
2.事実の発見
3.プロジェクトチームの編成と作業計画策定
4.研修の実施
5.アクティビティ関連情報の入手
6.アクティビティの付加価値をコード化
7.アクティビティセンターの設定
8.労務関連の費用の階層化
9.労務に関連しない費用の分類
10.コストドライバー情報の認識と入手
11.モデルの導入
12.モデルの運用と報告書の作成

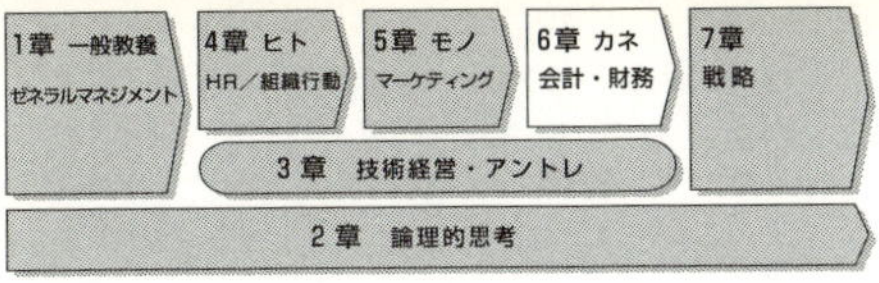

『ABCマネジメント革命』目次　体系マップ

ABCの基礎

調査プロジェクトの発見事項の概要

第1章　概論

ABC関連用語と概念の理解

第2章　ABCシステム

〝企業価値向上の新たな指針に関する研究〟

『ＥＶＡ創造の経営』

The Quest for Value

G・ベネット・スチュワート, Ⅲ（著）
株式会社日興リサーチセンター／
河田 剛＋長掛良介＋須藤亜里（訳）
東洋経済新報社 刊
本体価格 4600円

◆キーワード◆

① 企業価値評価
② EVA（経済付加価値）
③ MVA（市場付加価値）

機能別分類

ゼネラルマネジメント	
論理的思考	
技術経営・アントレプレナーシップ	
ヒト（ヒューマンリソース・組織行動）	
モノ（マーケティング）	
カネ（会計・財務）	◎
戦略	○

キャリア職位別分類

初級者	◌
中級者（マネージャー）	◌
上級者（シニアマネージャー）	◎

1分解説

ＥＶＡとは、著者であるＧ・ベネット・スチュワートⅢが開発したもので、企業が創造した価値、つまり企業パフォーマンスを測定する尺度である。

多くの企業は、会計の指標を企業のパフォーマンス尺度として利用しているが、利益などの会計上の数値は、主観が入ったり、企業側で操作が可能なこともあり、適切ではない。

そこで、企業パフォーマンスを正しく測定するための最良の尺度として開発されたのがＥＶＡ（Economic Value Added 経済的付加価値）であった。日本の代表的な企業も活用するＥＶＡだが、単なる測定のツールとしての枠を超えた、戦略書といえるＥＶＡ関連書籍の原典である。

要旨

一般的に、利益やＥＰＳ（１株あたり利益）など会計上の実績が企業の業績評価に使用されているが、それは誤りである。利益は恣意性が介入し、真の業績を表さない。

真の業績を示すものは、総資本利益率である。それは、ＮＯＰＡＴ（税引後純営業利益）を使用資本で割ることで計算される。利点は、資金調達方法が何であるかにかかわらず、使用資本の生産性が測定でき、会計の歪みの影響を受けないことである。資本コストは、使用する資本家価値を付加するために最低限稼ぎ出すべき利益率のことをいう。しかし、資本利益率は、個々のプロジェクトの採用の是非を検討するにはよいが、企業全体の業績尺度としてはふさわしくない。適切なのはＥＶＡである。

企業が生み出した営業利益から資本コストを差し引いた正味の利益尺度であるＥＶＡは企業の価値が一定期間でどれだけ増えたか、失われたかを正しく測定する尺度といえる。

ＥＶＡが増加するのは、次の３つの場合である。つまり、

①追加投資なしに営業利益が増加するとき

②新規投資が、すべて資本コストを上回るリターンの
　プロジェクトに投資されたとき
③資本コストを下回るリターンの事業が譲渡もしくは
　清算されたとき

である。

　またＥＶＡは、唯一企業の本質的市場価値に直接結びついた業績尺度であるため、ＥＶＡは企業の株式市場価値にプレミアムを与えることになる。よって、ＥＶＡを目標設定、資本予算決定、パフォーマンス認識、インセンティブ報酬、優秀な投資家とのコミュニケーション尺度として使用し、統合的財務マネジメントシステムの実行に活用できる。

　また、ＥＶＡを利用することによって、マネジャーを企業の所有者のように行動するよう仕向けることができる。マネジャーの関心をすべて企業価値の源泉であるＥＶＡに集中させ、ＥＶＡを目標とさせることによって、マネジャーは事業見通しと今後のパフォーマンス評価を見据えた戦略決定を明確に結合させるフレームワークが与えられる。

　著者は、ＥＶＡを「４つのＭ」の要素を持つ統合的な経営ツールとして提唱している。

　４つのＭとは、
①尺度（Measure）
②経営システム（Management System）
③動機づけ（Motivation）
④意識改革（Mindset）

である。

　ＥＶＡ創造の観点から企業パフォーマンスを測定し、ＥＶＡを改善させられるかどうかという価値判断で意思決定を行い、ＥＶＡと連動されたボーナスプランを企画することによって社員を動機づけ、ＥＶＡを創造し続けるための意識改革を行う。この体系的なつながりを持って本書は戦略ツールとしてのＥＶＡの活用を提案している。

読書メモ

◆コークは１９９３年のアニュアルレポートで、コークが株主のために生み出したトータルなリターンは、コークが創造した経済的付加価値（ＥＶＡ）によって

直接的にもたらされたと報告している。また、過去10年間経済利益が年率平均27%で成長したことも報告している。

◆悦敏な投資家を満足させるためには、企業は資本コストを上回る資本利益率を上げなくてはならない。

◆資本競争に打ち勝ち、価値にプレミアムがつく企業を作るためには、魅力的な資本利益率が必要である。

◆株式時価総額を含む絶対規模から見た企業ランキングは、いずれも市場付加価値の尺度を用いたランキングとは極端に違う場合がある。

◆ゼネラル・モータースはビジネスウィークの1988年の最も価値ある企業1000社中6位から、市場付加価値のランキングでは最も低いランクに位置づけられた。

◆EVAが増加するのは、次の3つの場合である。つまり、

①追加投資なしに営業利益が増加するとき

②新規投資が、すべて資本コストを上回るリターンのプロジェクトに投資されたとき

③資本コストを下回るリターンの事業が譲渡もしくは清算されたとき

である。

◆どの企業の価値も次の3つの構成要素の合計として表される。

①投資家が事業リスクに耐える見返りに要求するレートによる資本化された現在の営業利益（NOPAT）

②経営陣の目標資本構成によって試用される負債の節税効果

③大きな収益の潜在性が新規参入や代替品によって消滅するまで利用できる新規資本プロジェクトによる経済付加価値の現在価値

●著者プロフィール

G・ベネット・スチュワート，Ⅲ（G. Bennett Stewart）

プリンストン大学で電気工学を修めた後、シカゴ大学でMBAを取得。チェースマンハッタン銀行に入行し、当時の上司であったジョエル・M・スターンとともに、1982年にスターン・スチュワート社を設立、共同経営者となる。

第一部　価値のプランニング

EVAによる価値の創造

- **会計上の実績を企業の業績評価に用いる誤り**
  第2章　市場の神話
- **市場の真実とEVA**
  第3章　市場の真実
- **経営マネジメントで活用するEVA**
  第4章　EVA財務マネジメントシステム
- **スターンスチュワート・パフォーマンス1000による実証**
  第5章　スタンスチュワートパフォーマンス
- **マネジャーを企業所有者のように行動させるためのEVA活用**
  第6章　マネジャーのオーナー化
- **企業価値の概念（企業価値の3つの構成要素）**
  第7章　バリュエーションのコンセプト
- **EVA対割引キャッシュフローの戦い**
  第8章　バリュエーションのコンテスト
- **買収成功のポイントと買収の分析方法**
  第9章　買収価格の決定メカニズム

第二部　静的ファイナンス

具体的な財務施策

- **事業ニーズに沿う形での財務構成戦略**
  第10章　財務プランニング
- **一番有利な資金調達手段**
  第11章　資金調達手段
- **資本コストに関する総括**
  第12章　資本コスト

『EVA創造の経営』目次　体系マップ

導入部

日本への処方箋

第1章　EVAの導入

“財務の新たな意思決定方法の1つに関する研究”

『決定版 リアル・オプション』
戦略フレキシビリティと経営意思決定

Real Options

トム・コープランド+
ウラジミール・アンティカロフ（著）
栃本克之（監訳）
東洋経済新報社 刊
本体価格 3800円

◆キーワード◆

① リアル・オプション
② 投資意思決定の評価
③ NPV（正味現在価値）

機能別分類

ゼネラルマネジメント	
論理的思考	
技術経営・アントレプレナーシップ	
ヒト（ヒューマンリソース・組織行動）	
モノ（マーケティング）	
カネ（会計・財務）	◎
戦略	○

キャリア職位別分類

初級者	◌
中級者（マネージャー）	◌
上級者（シニアマネージャー）	◎

1分解説

従来、投資意思決定を評価する方法としては、正味現在価値（NPV）法が主流になっているが、NPV法は経営上の柔軟性を考慮しないため、投資機会を過小評価してしまうという欠陥がある。

　また、通常のディシジョン・ツリー分析では、リスクを一定の率で仮定して算定するため、様々な経営判断が会社のキャッシュフローにどのような影響を与えるかについて、十分な検討ができないが、リアル・オプション分析では、将来の不確実性を加味し、経営判断に基づく将来のキャッシュフローの変化にも対応した形で投資の意思決定ができる。

　実際の経営は、投資の途中で投資を延期したり、破棄したり、拡大や延期といったオプションを選択できるが、リアルオプションにより、このような経営上の柔軟性を考慮して、投資を評価する方法が可能になる。そのため、本書は、経営者の日々の意思決定にどのようにリアル・オプション理論を活用するかを示すバイブルといえる。

要旨

オプション理論は、マートン、ブラック、ショールズらの研究により発展し、その後多数の実証論文が発表されているが、これらは難解な数学を必要とし、一般的な事業会社にはなじみにくいものであった。

　しかし、その後のコンピュータ技術の発展により、マネジャー層が現実的で理解しやすいモデルを簡単に構築できるようになり、証券や市場取引が行われている石油、石炭などの原資産だけでなく、従来のNPVで分析できるプロジェクトであれば何でもリアル・オプション分析ができるようになった。

　リアル・オプションとは、「あらかじめ決められた期間（行使期間）内に、あらかじめ決められたコスト（行使価格）で、何らかのアクション（延期、拡大、縮小、中止など）を行う権利（義務ではない）」のことをいう。

　まず、単純なコールオプション（延期オプション）、単純なプットオプション（中止オプション・撤退オプション）、事業を拡大するオプション（拡張オプション）、縮小するオプション（縮小オプション）を解く数量的な手法を解説し、その後単純なオプションの組み合わせについて解説を行っている。

それをふまえて、より複雑で現実的なリアル・オプションについて解説を行っている。複雑で現実的なリアル・オプションとは、オプションの価値が他のオプションに依存しているコンパウンド・オプションと、操業の開始や中止、操業形態の変更、業界への参入や撤退などをその保有者に可能にするスイッチング・オプションである。また、1年あたりのステップが単一でなく複数あるオプション格子をモデル化することで、オプションの精度を上げる方法を解説している。さらに、リアル・オプションを導入する場合の4段階プロセスを説明し、現実のデータから不確実性を推計する方法や不確実性に個別対応してオプション評価をする方法を紹介している。

事例を豊富に使用し、具体的適用例と問題の解決策が示されているため、リアル・オプションを企業に導入する経営者、実務担当者には必読の書といえる。

読書メモ

◆リアルオプションとは、不確実な未来に対して、企業がとりうる戦略上の柔軟性（フレキシビリティ）をオプション理論で評価し、経営の意思決定を強力にサポートする画期的な手法である。

◆デューク大学のジョン・グラハム教授の最新レポートでは、米国の主要企業４０００社のうち、27％もの企業が重要な意思決定の際にリアル・オプションを導入したと回答した。

◆リアルオプションの価値に影響を与える6つの変数とは、①リスキーな原資産の価値、②行使価格、③行使期間、④リスキーな原資産の標準偏差、⑤オプションを保持している期間におけるリスクフリーレート、⑥原資産から払い出される配当である。

◆リアル・オプションの価値が最大になるのは、①将来の柔軟性が高い、②経営上の柔軟性が大きい、③柔軟性を考慮しないＮＰＶがゼロに近い場合である。

◆リアル・オプションを導入する際に、経るべきプロセスは、①DCF評価モデルによって、柔軟を考慮しない場合の現在価値を算出する⇩②イベント・ツリーを使用して、不確実性をモデル化する⇩③経営上の柔軟性を特定・反映させ、ディシジョン・ツリーを作成する⇩④リアル・オプション分析を行うという4段階である。

◆不確実性を統合するためのモンテカルロ・プロセスは⇩①期待フリーキャッシュフローを用いて現在価値を計算する⇩②変動する不確実性をモデル化する⇩③モンテカルロ・シミュレーションで現在価値の分布を求める⇩④イベント・ツリーを作成するという4段階である。

（以下注記）

※イベントツリー：イベントツリー分析（Event Tree Analysis：ETA）…初期のある事柄（イベント）からスタートし、最終的な事柄に発展していくプロセスを、枝分かれ式（ツリー状）に展開して解析する方法。特に、初期事象が発生する確率、ある事象から次の事象に分岐する確率を定量的に与えることにより、中間あるいは最終の事象がどの程度の確率で起こりうるかといった解析も可能になる。

※モンテカルロ・シミュレーション…不確実な値に乱数を発生させて何度もシミュレーションを行うというもの。ルーレットやサイコロなど、ランダムなイベントを扱う確率ゲームが見られるカジノで有名なモナコのモンテカルロからそう呼ばれるようになった。

●著者プロフィール

トム・コープランド（Tom Copeland）

モニターグループのコーポレート・ファイナンス担当マネージング・ディレクターとして、グループのファイナンス部門を統括する。世界34カ国で200社以上にコンサルティングを行った企業評価の権威。

ウラジミール・アンティカロフ（Vladimir Antikarow）

1992年にモニターグループに加わり、リアル・オプションを用いたコンサルティングを行っている。

モニターグループ

経営戦略論の世界的権威であるマイケル・ポーターを中心にハーバード・ビジネススクールの教授陣により1983年に創設された戦略コンサルティングを中核としたマネジメント・サービス集団。

リアルオプションの事例研究と考察

第Ⅱ部　オプション分析の応用

単純なオプション

第5章　単純オプションの数値化手法

- ・コールオプション（延期オプション）
- ・プットオプション（中止・撤退オプション）
- ・拡大オプション（拡張オプション）
- ・縮小オプション（縮小オプション）

より複雑で現実的な2種類のオプション

第6章　コンパウンド・オプションとスイッチング・オプション

2種類のオプション価値評価方法

第7章　1期間1ステップから複数ステップへ

リアル・オプションのプロセス

第8章　リアル・オプション評価のための4段階プロセス

複数の不確実性を統合するための分析（モンテカルロ分析）

第9章　ボラティリティの推計：統合的アプローチ

複数の不確実性要因をそれぞれ切り離すことが望ましい場合のリアル・オプション

第10章　不確実性への個別対応

第Ⅲ部　事例と難解な問題の考察

複数の不確実性を取り扱うための異なる方法

第11章　事例

より複雑な事例とゲーム理論、リアル・オプションの関係

第12章　結びと課題

『決定版　リアル・オプション』目次　体系マップ

リアルオプションの基礎 → **リアルオプションによる分析と意思決定**

第Ⅰ部　導入部

- **リアル・オプションの概要（定義と用語、実例）**
  第1章　リアル・オプションとは
- **マーケティング分野での意思決定事例**
  第2章　チェンジ・プロセス－エアバス・インダストリー社の事例
- **リアル・オプションの基礎となるNPVの概要**
  第3章　正味現在価値（NPV）
- **従来の意思決定ツール（NPV、デシジョン・ツリー）との比較**
  第4章　正味現在価値（NPV）、ディシジョン・ツリー、リアル・オプションの比較

〝財務の重要な概念である「リスク」に関する研究〟

『リスク　神々への反逆』(上・下)

AGAINST THE GODS, THE REMARKABLE STORY OF RISK

ピーター・バーンスタイン(著)
青山　護（訳）
日本経済新聞社 刊(日経ビジネス人文庫)
本体価格 各714円

◆キーワード◆

① リスク
②ポートフォリオ
③不確実性
④ゲーム理論

機能別分類

ゼネラルマネジメント	
論理的思考	
技術経営・アントレプレナーシップ	
ヒト(ヒューマンリソース・組織行動)	
モノ(マーケティング)	
カネ(会計・財務)	◎
戦略	○

キャリア職位別分類

初級者	◌
中級者(マネージャー)	◌
上級者(シニアマネージャー)	◎

1分解説

リスクとは不確実性のことである。現代のビジネスでは、ますます不確実性が増大し、その不確実性を加味した意思決定が不可欠となる。将来に何が起こるかをしっかりと考え、代替案の中から特定の行為を選択する能力が、まさに現代ビジネスに求められているといえる。リスクをマネージすることによって、様々な意思決定に関して指針が与えられるのである。

本書は、リスクに対して人間がどのように挑戦してきたかを物語で示しており、その歴史を通じて、リスクの本質を語り、読者に未来をどのように展望したらよいかという示唆を与えている。リスク・マネジメントの本質を学ぶ上で必読のバイブルといえる。

要旨

本書は、「未来を現代の統制下におくためには、どのようにするべきか」について、１２００年から現代に至るまでの非凡な人々の考えを通じて語っている。

リスクの考え方の起源は、ヒンズー・アラビア式の数学システムに見受けられるが、本格的なリスクの研究はルネッサンスの頃に始まる。その後現代までに、ルネッサンスの勝負師カルダーノ、幾何学者パスカル、弁護士フェルマ、ポールーロワイヤルの修道士、ダニエル・ベルヌーイ、ヤコブ、ガウス、ベイズ、フォン・ノイマン、モルゲンシュテルン、ナイト、ブラック、ショールズ、ケネス・アロー、ハリー・マーコビッツといった英雄たちの計量的な側面での功績がリスクの概念を発展させていった。

彼らはみなリスクの認識を変えることで、損失の可能性を利益機会へ、また運命と神による原構想を洗練された確率に基づく将来の予測へと変えた。また、手も足も出ない無力な状態を選択可能な状態へと変えた。

本書で展開される物語は、最前の意思決定が定量的手法と数学に裏付けられ、「過去のパターンに依存すると考える人々」と「意思決定を不確実な将来に関するより主観的な信念の程度に基づいて行う人々」という2つの対立する考えを持つ人々の緊張関係で語られている。
歴史的な論争の中で、確率、平均への回帰、分散投資といったリスクマネジメントは無用であるとの意見があった。果たしてそれは本当なのであろうか。答えは有用である。「人類は客観的に存在する世界の秩序を規定する法則の完全な知識を享受していない」と著者は主張している。つまり、将来に関するデータを完全に入手できないことによって、不合理な行動が起ってしまうのである
著者が言うリスク管理の本質は、「ある程度結果を制御できる領域を最大化する一方で、結果に対して全く制御が及ばず、結果と原因の関係が定かでない領域を最小化することにある」というところにある。つまり、現実の行動においても確率（リスク）を考慮して行動すべきであるということを意味し、ビジネスを含む人間の活動にとって手引きとなることを説いている。

読書メモ

◆サイコロの出た目の総数の半分は等しくなる。よってサイコロを3回投げればどの得点が得られる可能性も平等となる。なぜなら「サーキット」の総数は6であるから、3通りの得点の可能性があれば、1回のサイコロ投げでそのうちの1つの得点が得られる。よって賭け金もこの平等性に基づくべきである。

◆2人の子供を持つ場合、男の子と女の子が生まれる結果は4つである。「2人とも男の子」、「2人とも女の子」、「男が先で女が後（男の子と女の子1人ずつ）」「女が先で男が後（男の子と女の子1人ずつ）」である。よって1人の男の子が生まれる可能性は3／4であり、子供が2人いる家庭では、少なくとも1人が男の子である確率は75％であり、男の子、女の子ともに1人ずつである確率は50％である。

◆3000の白い小石と2000の黒い小石の入った壺から小石を取り出す作業を2万5500回行えば、実際の比率である3対2からの誤差が、2％以内になる。

◆1つのサイコロを何回も振る場合、その平均は3.5になる。2つのサイコロを何度も振る場合は、その平均は2倍の7になる。平均である7から上限である12

と下限である2に向かって数値が離れるほど、その相対度数は減少する。

◆紅茶よりコーヒーを好むが、ミルクよりは紅茶を好む人に、「紅茶とミルクが半々の確率で入っているコップより、1杯のコーヒーを好みますか」と質問すれば、コーヒーの方を好むはずである。しかし、コーヒーや紅茶よりもミルクを好むが、紅茶よりはコーヒーを好むと選考の順序を変えた場合同じ質問をすれば、どちらを選択するかは、最初のときより明確ではない。

◆12の市場の月次標準偏差の単純平均値は10・0%であるのに、分散化ポートフォリオの実際の標準偏差は4.7%となり、分散投資は実に有効であることがわかる。

◆高雇用・高インフレ政策と低雇用・低インフレ政策のどちらを選択するかという調査を行う。失業率を10%や5%という枠組みで選択を設定した場合、人々は高インフレ率を受け入れ、失業率を抑える選択をする傾向がある。また雇用率が90%と95%との間での選択では、雇用率を5%上げるより低インフレの方を受け入れるという結果になった。

◆もしマイクロソフトの株が100ドルに上昇し、オプションの買い手がオプションの売り手から90ドルで買うことができる権利を行使したら、オプションの売り手は10ポイント損をするが、もしマイクロソフト株が83ドルにとどまっていたなら、オプションの売り手は4・5ドルのプレミアムを享受できる。

●著者プロフィール

ピーター・バーンスタイン（Peter L. Bernstein）

１９４０年ハーバード大学卒業。在学中、レオンチェフなどの教えを受け、ハイルブローナーと最優等を競う。ニューヨーク連銀、ニューヨーク共同銀行などを経て投資顧問会社バーンスタイン・マーコレーに勤務、１９６５年同社代表。１９７３年ピーター・L・バーンスタイン社を起こし、コンサルティング活動を続ける。世界各地で講演経験を持ち、著作も多数ある。

→ 曖昧性の塊りと正確性の追求 → 未来へ不確実性の追求

1700〜1900年

「富の増加から得られる効用は、それ以前にその人が保有していた財の量に反比例する」ベルヌーイの見解

第6章　人間の本質についての考察

情報利用と確率の応用をめぐる一連の進歩

第7章　事実上の確実性を求めて

リスクの計量化に不可欠な正規分布、標準偏差

第8章　非合理の超法則

ロールトンの「平均への回帰」の提示

第9章　壊れた脳を持つ男

「平均への回帰」は1つの道具に過ぎないという柔軟性を持つことの必要性

第10章　サヤエンドウと危険

効用の考え方の導入

第11章　至福の構造

1900〜1960年

結果には必ず原因があるが、人間の原因把握力のなさが偶然性を呼ぶ

第12章　無知についての尺度

不確実性を重視したナイトとケインズ

第13章　根本的に異なる概念

ゲーム理論と経済行動

第14章　カロリー以外はすべて計測した男

マーコビッツの「ポートフォリオ選択」による投資管理の変革

第15章　とある株式仲介人の不思議なケース

未来へ不確実性の追求

同一問題の異なる状況下での矛盾した選択（不変性の失敗）の研究

第16章　不変性の失敗

合理的行動の概念に従わない人々の行為を理解しようとする理論自警団

第17章　理論自警団

リスクマネジメントとしてのデリバティブ（先物・オプション）

第18章　別の賭けの素晴らしい仕組み

将来の予測ができなかったのは、情報の不足が原因であり確率、平均への回帰、分散投資などが無用なわけではない

第19章　野生の待ち伏せ

『リスク　神々への反逆』（上・下）目次　体系マップ

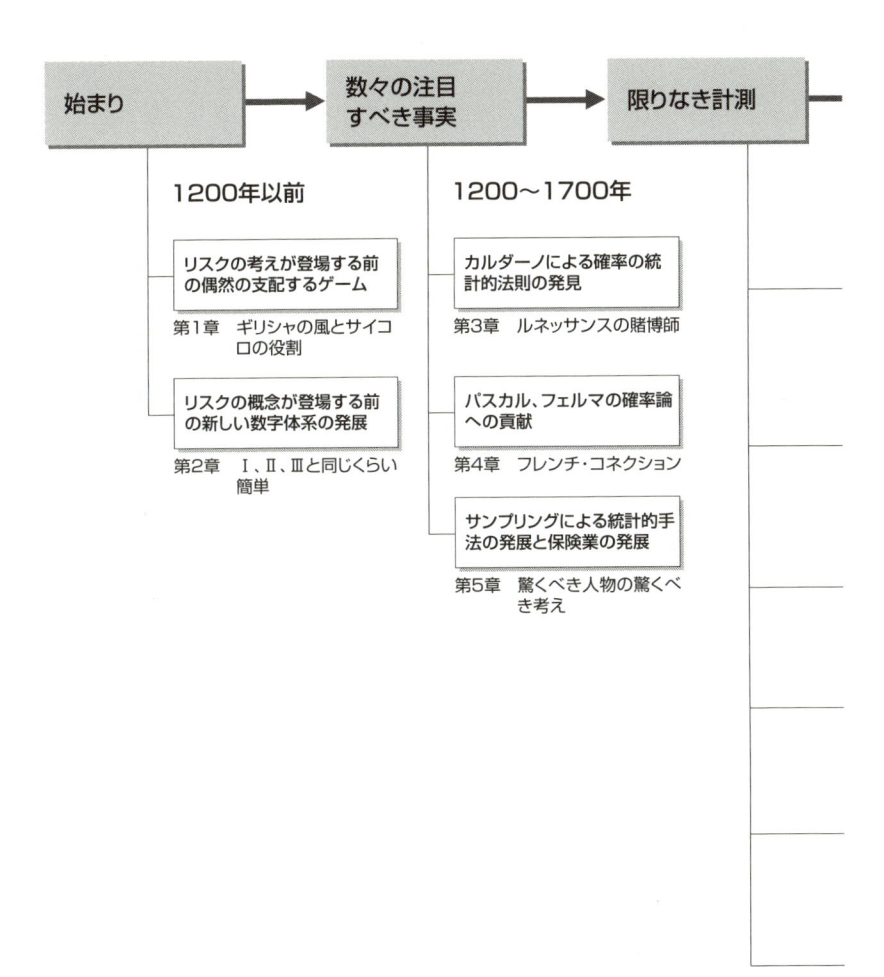

始まり → **数々の注目すべき事実** → **限りなき計測** →

始まり

1200年以前

- **リスクの考えが登場する前の偶然の支配するゲーム**
  第1章　ギリシャの風とサイコロの役割
- **リスクの概念が登場する前の新しい数字体系の発展**
  第2章　Ⅰ、Ⅱ、Ⅲと同じくらい簡単

数々の注目すべき事実

1200～1700年

- **カルダーノによる確率の統計的法則の発見**
  第3章　ルネッサンスの賭博師
- **パスカル、フェルマの確率論への貢献**
  第4章　フレンチ・コネクション
- **サンプリングによる統計的手法の発展と保険業の発展**
  第5章　驚くべき人物の驚くべき考え

限りなき計測

※第1章～第9章 ………上巻
　第10章～第19章……下巻

第7章

戦略

『新訂 競争の戦略』
『競争優位の戦略』
『コア・コンピタンス経営』
『知識創造企業』
『ゲーム理論で勝つ経営』
『ビジョナリー・カンパニー』
『キャプランとノートンの戦略バランスト・スコアカード』

〝戦略領域（競争戦略）全般の体系書〟

『新訂　競争の戦略』

COMPETITIVE STRATEGY

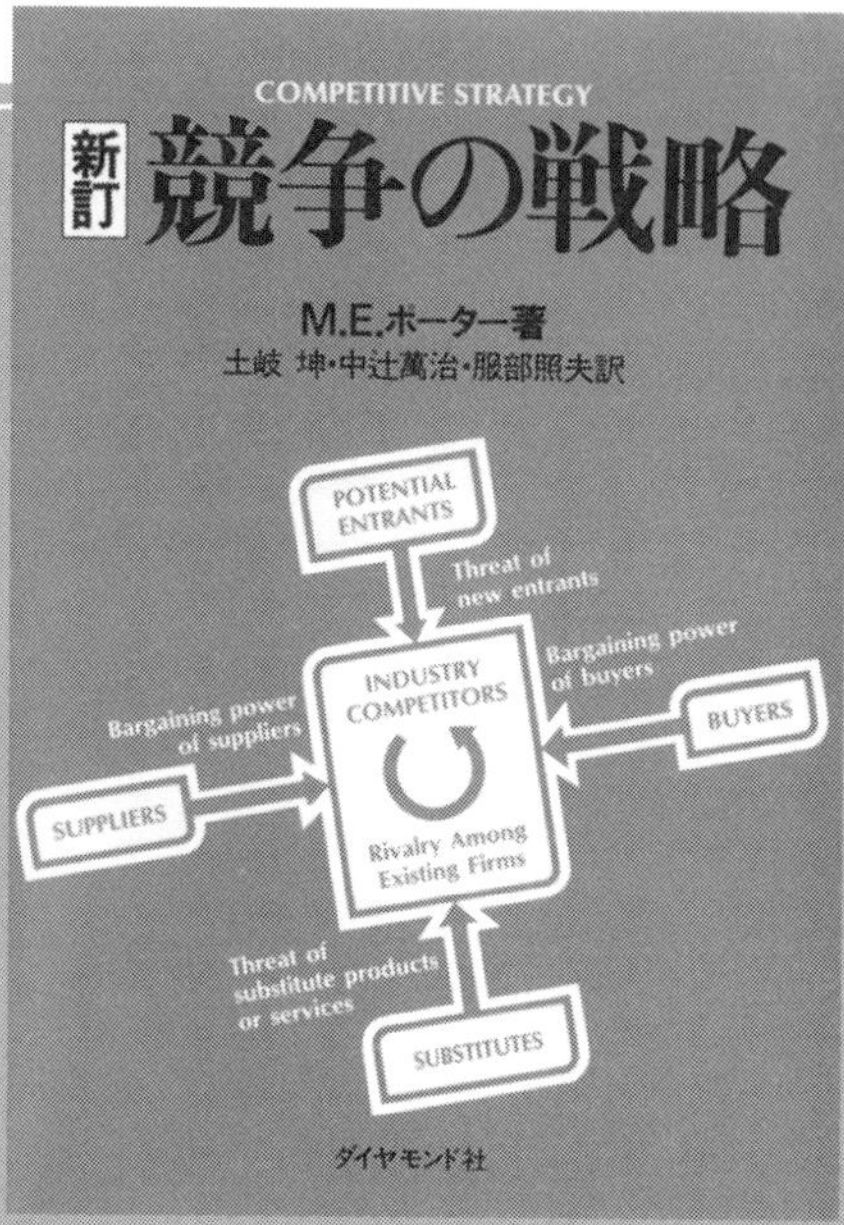

M・E・ポーター（著）
土岐 坤＋中辻萬治＋服部照夫（訳）
ダイヤモンド社 刊
本体価格 5631円

◆キーワード◆

① 業界分析
「ファイブフォース分析」
② コスト・リーダーシップ戦略
③ 差別化戦略
④ 集中戦略

機能別分類

ゼネラルマネジメント	
論理的思考	
技術経営・アントレプレナーシップ	○
ヒト（ヒューマンリソース・組織行動）	
モノ（マーケティング）	
カネ（会計・財務）	
戦略	◎

キャリア職位別分類

初級者	◌
中級者（マネージャー）	◎
上級者（シニアマネージャー）	●

1分解説

企業が考えるべきことは大きく「戦略」と「戦術」に大別されるが、誤解されやすいのは両者の関係である。

実際、企業の現場では、従業員の能力のバラツキが見られるため、あえて考えさせずに行動に移しやすい具体的なマニュアル化を促進することも多いといえるが、基本的な能力が要求されるマネジメント層は戦略の体系を完全に理解し、その上で具体的な戦術といえる現場の施策を考え、指示ができることはマネジャーとしての大前提となる。戦略あっての戦術であることを忘れると、応用ができずマニュアル対応的な動きしか採れなくなる。

本書の以前にも、ミンツバーグの著書など、戦略の大家とされる人物の名著が存在したものの、ポーターほど戦略を経済学の世界で描き、「超」具体的ともいえる緻密な分析と詳細事項を含んだ戦略体系を確立した人物はいなかったといわれる。

本書はポーターの処女作でありながら、世界19カ国語で翻訳され、実践編（続編）といえる『競争優位の戦略』とともに経営学の最高峰に君臨するバイブルとされている。

要旨

本書は競争戦略策定のステップを大きく、

①業界の構造分析
②基本戦略の確定
③競争業者と業界内部の詳細分析
④自社の状況にあった競争戦略の策定

という4つに分けて構成している。

競争戦略策定の最初のステップである業界の構造分析では、

①業界内の既存の競合
②新規参入の脅威
③代替品の脅威
④売り手の交渉力
⑤買い手の交渉力

といった業界の収益性に影響を与える5つの競争要因を分析（ファイブフォース分析）し、その中から最大の要因となる第一決定要因を見つけ、それを見据えた競争戦略を検討する。

2番目のステップである基本戦略では、「コストリーダーシップ戦略」、「差別化戦略」、「集中戦略」という3つの基本戦略パターンのどれを自社では採用し、競争優位を築くべきか決定する。

3番目のステップでは、競争業者について詳細に分析する。まず潜在的な競争相手を含めて競争業者が誰であるのかを明確にした後、競争業者の、

①将来の目標
②仮説
③現在の戦略
④能力

を分析することで、攻撃的な動き（現在の地位の満足度合い、予想される動き）を予測し、防衛能力（弱点、挑発、対抗行動の効果）を理解する。買い手の選定も競争戦略の重要な一部分であり、

①買い手の購入ニーズとそれに応える自社の能力
②買い手の成長力
③買い手の地位
④買い手との取引コスト

をしっかりと把握しなければならない。

また売り手の選定も買い手の選定と同様重要である。自社にとって好ましい売り手を見つけるには、

①供給企業群の競争力の把握
②垂直統合度の最適水準を割り出す
③数社の有力な供給企業への発注量を配分し、選択した供給企業に対する強力な交渉力を行使する

といった視点が重要になる、という。

また、業界全体の分析に加え、自社に合致した、もっと細分化した業界内の分析も重要である、という。最後のステップは、具体的な戦略分析を検討するために、業界環境別および個別戦略別の採り得る代表的な戦略の着眼点を考える。

本書では、特に業界環境別では、多数乱戦業界、先端業界、成熟業界、衰退業界、グローバル業界の5つ、個別戦略については「垂直統合」、「キャパシティ拡大」、「新規事業への参入」の3つについてページを割いて

いる。

読書メモ

◆新規参入の脅威の影響度は、参入障壁の高さがどの程度かに依存しているが、参入障壁には、規模の経済性、製品差別化、巨額の投資、仕入先を変えるコスト、流通チャネルの確保、規模とは無関係なコスト面での不利、政府の政策などがある。

◆窮地に立った企業は、3つの基本戦略のうち、1つにおいてさえ戦略が作れない企業である。

◆競争業者は行動を通じて企業の意図、動機、目標、社内状況といったマーケット・シグナルを出しており、それらを正確に把握することが、競争業者分析と戦略策定に有効である。たとえばIBMは、新製品の発売準備が整っていないうちから新製品の発売を予告し、それによって買い手に競争業者の製品を買わせないようにした。このように買い手に自社の新製品の発売を待つようにさせるというのもシグナルである。

◆基本戦略を決めた上で、検討されるべき具体的な戦略のタイプは、垂直統合、キャパシティ拡大、新規参入の3つに分けられる。

◆新規参入の際は、不均衡状態にある業界、既存企業の反撃が遅いか、効果的な反撃がないと思われる業界、他社に比べて参入コストが少なくてすむ業界、自社の力によって業界構造を変えることができる業界、参入によって自社の既存事業にプラスの効果が生じる業界を狙うべきである。

●著者プロフィール

マイケル・E・ポーター（Michael E. Porter）

ミシガン州アーナバー出身。プリンストン大学工学部航空機械工学科卒業。ハーバード大学ビジネス・スクール修士課程修了。１９７３年以来ハーバード大学ビジネス・スクールで教鞭をとり、１９８２年に同校史上最も若くして正教授となる。多数の企業の経営戦略アドバイザーも務めている。主要著書に『競争の戦略』『競争優位の戦略』『競争戦略論Ⅰ、Ⅱ』、『国の競争優位』などがある。

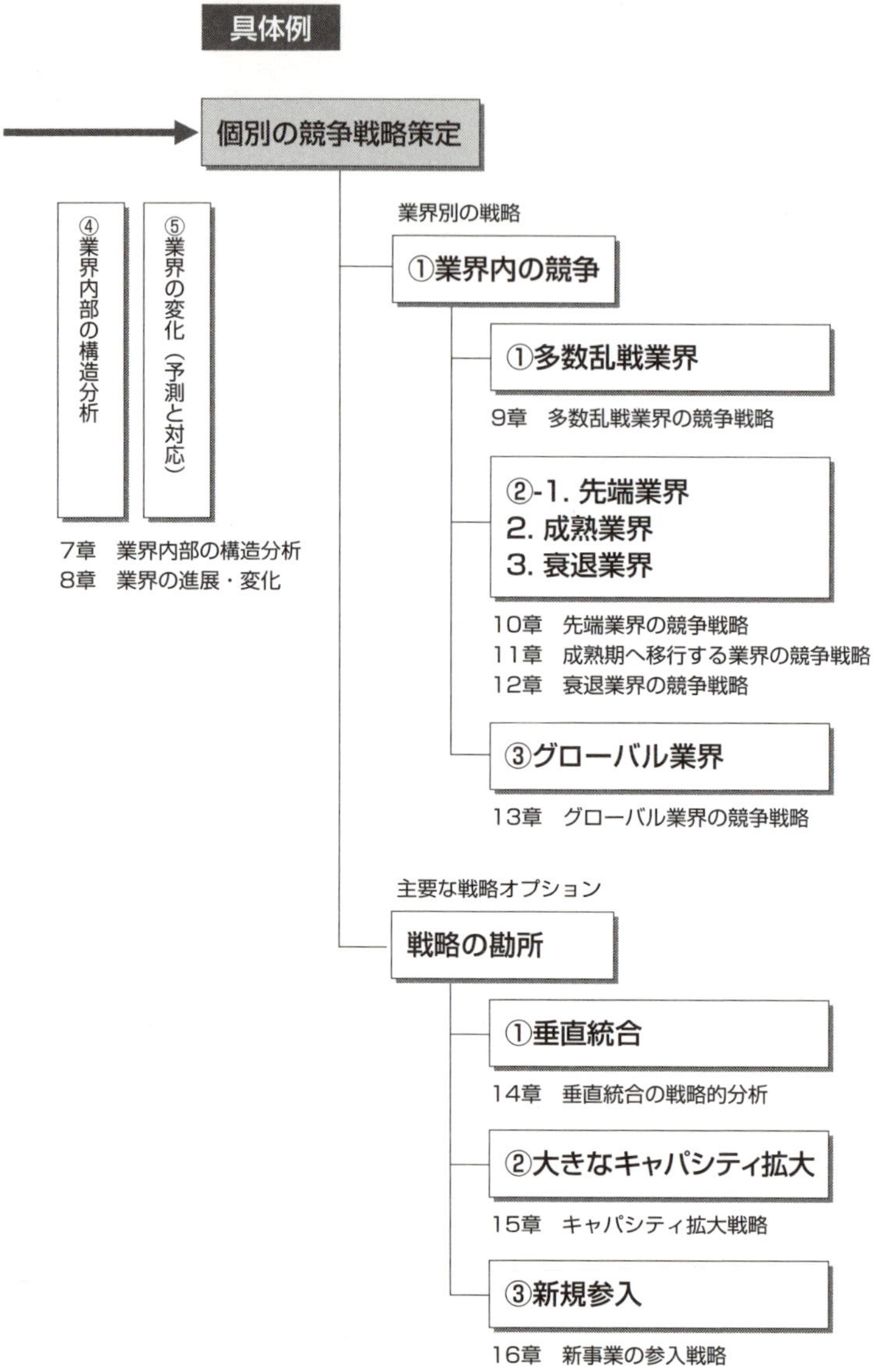

具体例
個別の競争戦略策定
④業界内部の構造分析
⑤業界の変化（予測と対応）
7章　業界内部の構造分析
8章　業界の進展・変化
業界別の戦略
①業界内の競争
①多数乱戦業界
9章　多数乱戦業界の競争戦略
②-1. 先端業界
2. 成熟業界
3. 衰退業界
10章　先端業界の競争戦略
11章　成熟期へ移行する業界の競争戦略
12章　衰退業界の競争戦略
③グローバル業界
13章　グローバル業界の競争戦略
主要な戦略オプション
戦略の勘所
①垂直統合
14章　垂直統合の戦略的分析
②大きなキャパシティ拡大
15章　キャパシティ拡大戦略
③新規参入
16章　新事業の参入戦略

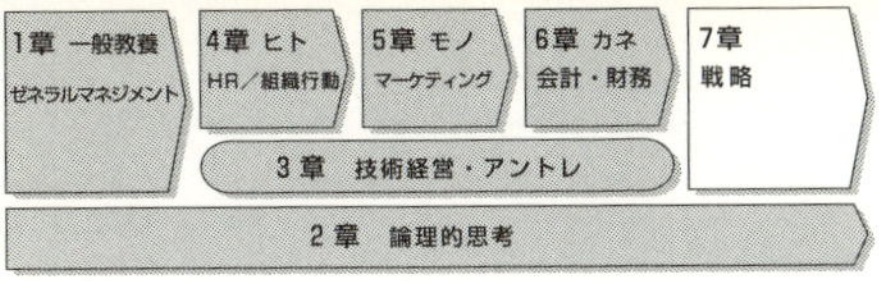
1章 一般教養
ゼネラルマネジメント
4章 ヒト
HR／組織行動
5章 モノ
マーケティング
6章 カネ
会計・財務
7章
戦略
3章 技術経営・アントレ
2章 論理的思考

『新訂　競争の戦略』目次　体系マップ

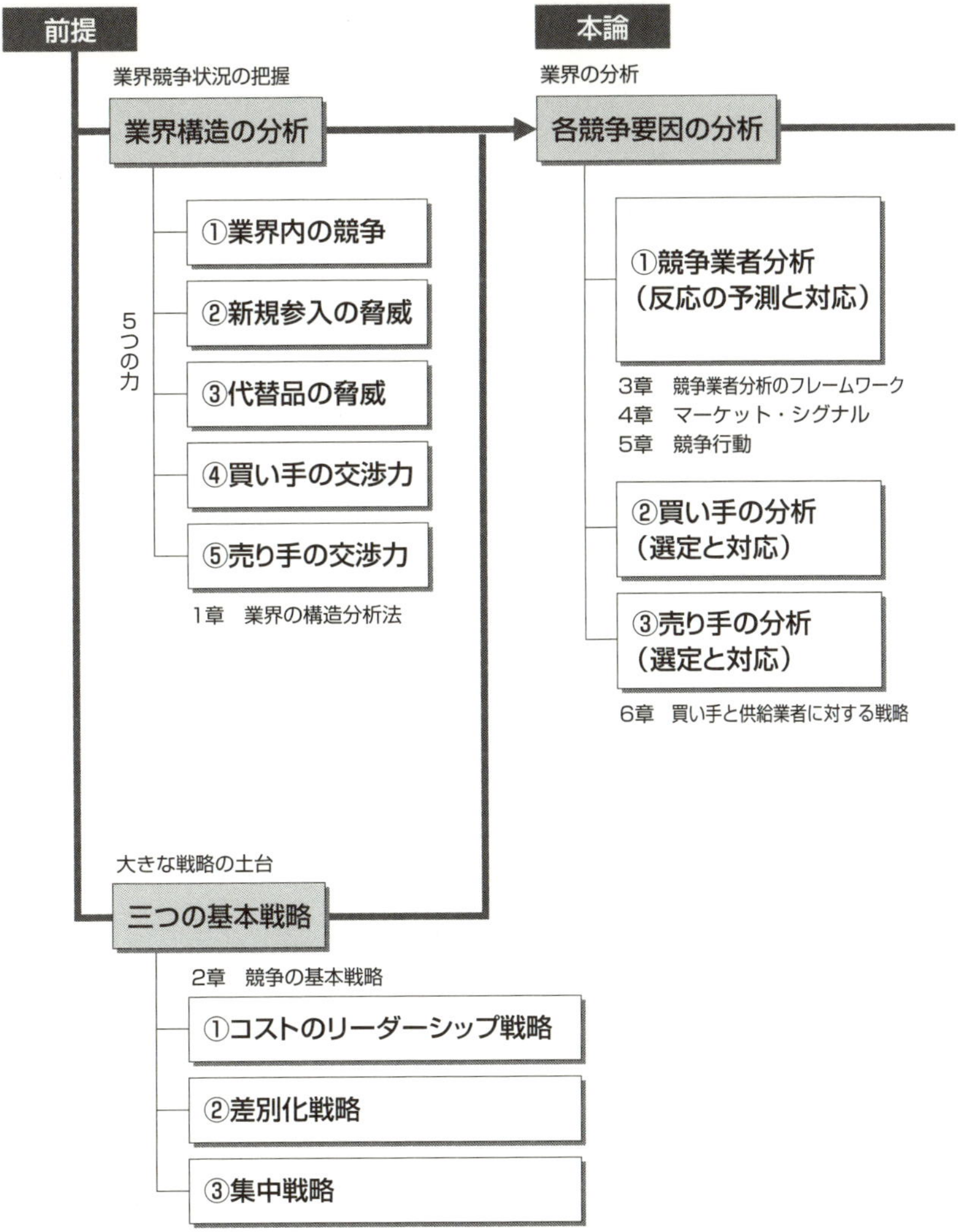
前提
業界競争状況の把握
業界構造の分析
①業界内の競争
②新規参入の脅威
③代替品の脅威
④買い手の交渉力
⑤売り手の交渉力
5つの力
1章　業界の構造分析法
大きな戦略の土台
三つの基本戦略
2章　競争の基本戦略
①コストのリーダーシップ戦略
②差別化戦略
③集中戦略
本論
業界の分析
各競争要因の分析
①競争業者分析
（反応の予測と対応）
3章　競争業者分析のフレームワーク
4章　マーケット・シグナル
5章　競争行動
②買い手の分析
（選定と対応）
③売り手の分析
（選定と対応）
6章　買い手と供給業者に対する戦略

"戦略領域(競争戦略)全般の体系書の続編"

『競争優位の戦略』
いかに高業績を持続させるか

COMPETITIVE ADVANTAGE

M・E・ポーター(著)
土岐 坤+中辻萬治+小野寺武夫(訳)
ダイヤモンド社 刊
本体価格 7800円

◆キーワード◆

① 価値連鎖(バリューチェーン)
② 主要活動
③ 支援活動
④ 経営戦略

機能別分類

ゼネラルマネジメント	
論理的思考	
技術経営・アントレプレナーシップ	○
ヒト(ヒューマンリソース・組織行動)	
モノ(マーケティング)	
カネ(会計・財務)	
戦略	◎

キャリア職位別分類

初級者	◌
中級者(マネージャー)	◎
上級者(シニアマネージャー)	●

1分解説

本書は、マイケル・E・ポーター著『競争の戦略』の続編である。『競争の戦略』では業界と競争相手を分析するフレームワークと競争優位を確保するための3つの基本戦略（コスト・リーダーシップ戦略、差別化戦略、集中戦略）をベースに、体系的な戦い方のルールについて述べられているが、本書『競争優位の戦略』はその3つの戦略を具体的に自社内部でどのように実践すればよいか、その方法について書かれている。

つまり、どうすれば持続力のあるコスト優位を確保できるか、どうすれば競争相手から自社を差別化できるか、どうすれば集中戦略から競争優位が生まれるようなセグメントを確保できるかという問いに答えるための本である。そして関連する業界の中で戦略の調整をすることによって、いつ、どのようにして競争優位が確保できるか、自社の競争上の地位をどのように防衛するかという問いに答えるものである。

本書の中では、「バリューチェーン（価格連鎖）」というポーターが編み出した有名なフレームワークを用いて、競争優位の源泉の作り方を説明している。『競争の戦略』同様、精緻な分析を通して構築された膨大な量の戦略体系と、それぞれの記述に含まれる徹底的に分解された緻密な分析内容は、ポーターならではの具体性と奥深さを物語っている名著中の名著といえる。

要旨

本書は、『競争の戦略』で明らかにした考え方を出発点に、現実的にどのように競争優位を作り出し、それを持続させるかを考察する。

その中心といえるのが、競争優位を分析しそれを強化する方法を探索するための手段として紹介される価値連鎖（バリューチェーン）である。価値連鎖は、競争優位を生み出す源泉がどういう構造になっているかを示せるように、活動を9つの価値創造活動に分解されている。どの部分で競争優位を見出せるかを分析する9つの価値創造活動は、5つの主要活動（①購買物流、②製造、③出荷物流、④販売とマーケティング、

⑤サービス）と、4つの支援活動（①調達活動、②技術開発、③人事・労務管理、④全般管理（インフラ））に分類できる。

価値連鎖で注視すべきは、

①価値連鎖内部の連結関係

②垂直の連結関係（自社の価値連鎖と供給業者や流通チャネルの価値連鎖との相互関係）

③買い手の価値連鎖

である。

競争優位を作るための第1の方策であるコスト優位を作る方法は、各価値活動に対して運用コストと資産を配分し、コスト・ビヘイビア（営業量・操業度の変化に応じて、コストがどのように変化するのか）を分析する。競争相手よりもコスト優位に立つためには、競争相手の価値連鎖を知り、その企業のコストより低く抑える源泉を明確にすることである。そしてコスト優位を確保するためには、「コスト推進要因をコントロールする」、「価値連鎖を再編成する」という2つの方法がある。

競争優位を作るためのもう1つの方策である差別化も価値連鎖を利用して、どの部分が差別化の源泉になるかを分析することができる。差別化を作り上げる上で決定的に重要なのは買い手の価値連鎖であり、買い手のコストを下げるか、買い手の実績を挙げることによって買い手のために価値を創造することが差別化にとって最重要である。

一方、集中戦略で選別するセグメントは業界内において、買い手のニーズとコスト・ビヘイビアの異なる部分である。業界内の競争分野とそれが競争優位とどのような関係を持つかも考える必要がある、としている。

後半では、全社戦略と事業戦略の関係、不確実性への対応など、具体的な場面を設定して、その膨大な情報量を含む戦略体系の実行性をシミュレーションしている。

読書メモ

◆航空輸送業界で競争しているピープル・エキスプレス社とユナイテッド航空は、搭乗ゲートでの顧客の扱い、乗務員政策、航空機運行で相違が見られ、それぞれの価値連鎖は異なる。

◆コスト優位を確保するには「コスト推進要因のコントロール」、「価値連鎖の再編成」の2つの方法がある。コスト推進要因のコントロールは、具体的には規模・習熟・キャパシティ利用の効果・連結関係・相互関係・統合・タイミング・ポリシー・立地・制度要因をコントロールすることである。価値連鎖の再編成は、具体的には生産工程を変える、オートメーションを変える、間接販売から直接販売に変える、原材料を新しくする、新しい広告媒体を利用するなどがある。

◆差別化の質を高めるには、「現在の価値活動の行い方をより特異にする」、「特異性が向上するよう価値連鎖を再編成する」という2つの方法がある。

◆技術は、競争優位をつくるための強力な要因で、コスト優位、差別化のどちらの戦略においても大きな役割を持つ。

◆その技術の役割を分析するフレームワークも価値連鎖である。競争優位を構築するため企業は技術戦略を立案するが、そこでの意思決定は、「どんな技術を開発すべきか」「その技術分野において技術リーダーシップを追求すべきかどうか」「技術供与の役割」という課題に答えを出すことである。

◆リーダー攻略法は、大きく分けて

①価値連鎖の再編成、
②競争分野の幅の再定義、
③支出の単純増加

という3つの方法がある。

●著者プロフィール

マイケル・E・ポーター（Michael E. Porter）

ミシガン州アーナバー出身。プリンストン大学工学部航空機械工学科卒業。ハーバード大学ビジネス・スクール修士課程修了。１９７３年以来ハーバード大学ビジネス・スクールで教鞭をとり、１９８２年に同校史上最も若くして正教授となる。多数の企業の経営戦略アドバイザーも務めている。主要著書に『競争の戦略』『競争優位の戦略』『競争戦略論Ⅰ・Ⅱ』、『国の競争優位』などがある。

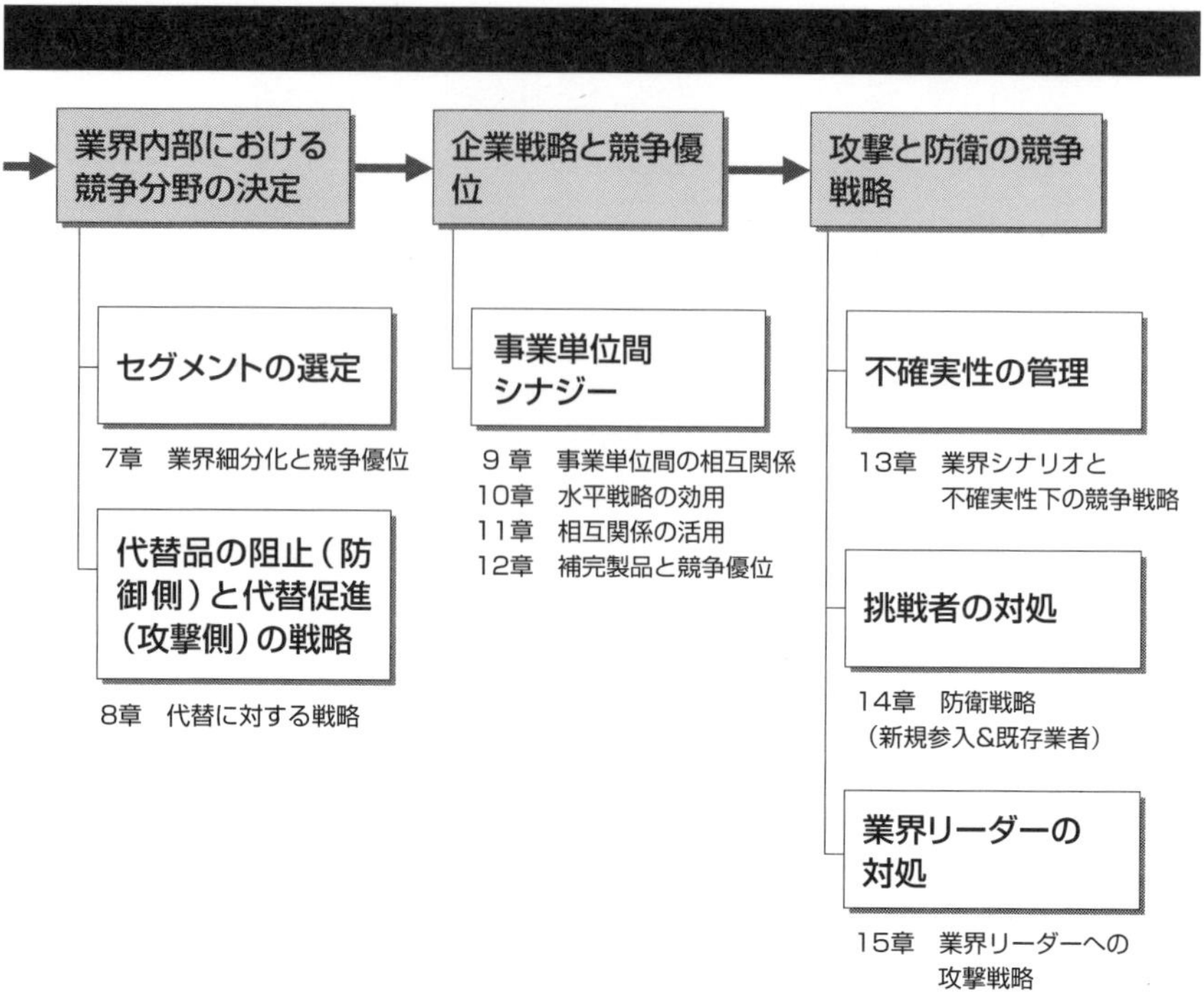
業界内部における競争分野の決定
セグメントの選定
7章　業界細分化と競争優位
代替品の阻止（防御側）と代替促進（攻撃側）の戦略
8章　代替に対する戦略
企業戦略と競争優位
事業単位間シナジー
9 章　事業単位間の相互関係
10章　水平戦略の効用
11章　相互関係の活用
12章　補完製品と競争優位
攻撃と防衛の競争戦略
不確実性の管理
13章　業界シナリオと不確実性下の競争戦略
挑戦者の対処
14章　防衛戦略（新規参入&既存業者）
業界リーダーの対処
15章　業界リーダーへの攻撃戦略

『競争優位の戦略』目次　体系マップ

競争戦略の中心概念

1章　競争戦略―その中心概念

業界の構造分析（ファイブフォース分析）

①業界内の既存の競合
②新規参入の脅威
③代替品の脅威
④売り手の交渉力
⑤買い手の交渉力

三つの基本戦略

「コストリーダーシップ戦略」
「差別化戦略」
「集中戦略」

競争優位の原理

価値連鎖の概要

- 主活動
- 支援活動

2章　価値連鎖と競争優位

基本戦略と価値連鎖

3章　コスト優位のつくり方
4章　差別化の基本的考え方

技術戦略と競争優位

5章　技術と競争優位

業界構造改善のための競争相手の考え方

6章　競争相手の選び方

〝自社の強みを中心とした戦略体系に関する研究〟

『コア・コンピタンス経営』
未来への競争戦略

Core Competence

ゲイリー・ハメル＋
C・K・プラハラード（著）
一條和生（訳）
日本経済新聞社 刊（日経ビジネス人文庫）
本体価格 800円

◆キーワード◆

① 経営戦略
② コア・コンピタンス
③ 戦略設計図
④ ストレッチ戦略、レバレッジ戦略

機能別分類

ゼネラルマネジメント	
論理的思考	
技術経営・アントレプレナーシップ	○
ヒト（ヒューマンリソース・組織行動）	
モノ（マーケティング）	
カネ（会計・財務）	
戦略	◎

キャリア職位別分類

初級者	◌
中級者（マネージャー）	◌
上級者（シニアマネージャー）	◎

1分解説

1990年代のアメリカ企業は、ダウンサイジング、リストラクチャリング、リエンジニアリングに力を注いでいた。なぜならそれは短期的に効果性を発揮するからである。しかし、スリム化したり業務プロセスの効率化を追求することで根本的な改善はできなかった。重要なのは、将来にわたって企業が成長するための戦略的方策である。

そのことを指摘したのが本書の著者であるゲイリー・ハメルとC・K・プラハラードである。著者は、製品の組み合わせや資源配分を考える以前に将来企業が競争力を維持し成長し続けるためには、全く新しい競争優位をつくり上げ、競争のルールを変えてしまうことが必要であると指摘し、そのためには、企業の中核的な能力（コア・コンピタンス）を高める必要があることを述べている。その代表作が本書である。

明解な題名から受けるイメージより多くのメッセージが得られる「奥の深さ」を感じることのできる名著。

要旨

規模の縮小化や業務プロセスの変革は確かに重要ではあるが、これは現在のビジネスを補強するために行われるもので、未来の産業を創り出すものではない。企業戦略は、価格設定、製品に付加すべき新しい製品特徴など現在の産業を前提とした問題だけでなく、もっと未来の産業構造の構築に向けた問題も含まれる。つまり、従来の戦略を見直すだけではなく、いかに過去の枠組みや成功体験を捨て、未来に到達するために、過去の何を会社の強みとして活用し、役に立たない過去の遺産は何かを明確にする必要がある。

そのプロセスとして、未来のための競争を事前に想定した3つの異なる視点における競争に対応できる戦略を作り出す必要がある、という。

まず第1に「産業の未来をイメージする競争」において5年後、10年後の顧客への付加価値を想定し、そのために何が必要かを考え、第2に「構想を有利に展開する競争」では、ただ単に競争に勝つのではなく、想定した未来にいかに一番乗りしてより多くの利益を獲得するためには何が必要かを想定し、計画を進める必要があるという。そしてこの段階で勝負に勝てるか勝てないかの大きな要因が決まるという。最後の「シェアを獲得する競争」というのが、いわゆる通常の競争状態で、多くの戦略の教科書で紹介されているように、製品のコンセプトがすでに確立し、他社との競合関係も明確になり産業についてもはっきりしたいわゆる競争激化状態における競争であるが、この段階で脅威的な強さを示して勝ち抜くことは、非常に困難という。したがって、本書では、最後の競争については、ページを割いていない。

重要なメッセージとしては、シェアを獲得する競争の前段階である「産業の未来をイメージする競争」、「構想を有利に展開する競争」、を十分行った時点でシェアを獲得する競争を考察するべきだ、ということである。

読書メモ

◆経営者が会社の未来をどのように展望するかを考えるために費やす時間は、平均すると1日のうち3%未満である（独創的な未来の視点を築くために、少なくとも数ヶ月の間2〜5割は必要）。

◆経営幹部やコンサルタントは、個別の製品開発プロセス、競合製品、競合との戦いに重きを置いているが、これでは長距離レースの最終の100メートルを問題にしているにすぎない。

◆モトローラは、電話番号が場所ごとについているのではなく、個人についているような世界をイメージする。この世界においては、小さな携帯型の機器を使えばどこにいても連絡がとれ、また新種の通信機器では音声だけでなく、画像やデータもやり取りできる。そしてモトローラは、このようなイメージを実現するために、デジタル圧縮や薄型ディスプレイ、電池技術を高める必要性を認識した。

◆1970年代のNECの戦略設計図は同社を世界的

技術リーダーへ導いた。NECは、通信産業とコンピューター産業が非常に密接に合流することに目を向け、システム化とデジタル化という2つの局面から展開する戦略設計図を作成し、コンピュータと通信の接点にあるビジネスシーズを開花させるために必要な企業力を洗い出し、必要なコア・コンピタンスを築き上げた。

◆競争優位性のあるコア・コンピタンスを作るには、8つのステップが重要である。

①コア・コンピタンスを明確にするためのプロセスを作る
②戦略の構築と企業力の獲得を目指す社内横断的なプロセスに戦略的事業部が関与する
③会社の成長と新規事業開発の順序を明確にする
④コア・コンピタンスを管理する役割を明確にする
⑤重要なコア・コンピタンスの資源を配備する仕組みを作る
⑥競合他社に対抗して競争力をつける取り組みを学ぶ
⑦現在と将来のコア・コンピタンスの状態を定点観測する
⑧組織内にコア・コンピタンスの所有を自覚した集団を形成する

◆確実に競争に勝つためには、競合他社よりも早く需要を正確に把握して、どのような性能が製品に要求されているのかを知ることが重要である。つまりコストを抑えながらペースの速い市場参入を繰り返すという探検的マーケティングが必要になる。

●著者プロフィール

ゲイリー・ハメル（Gary Hamel）
ロンドン・ビジネススクール教授（国際経営）。モトローラ、フォード、ダウ・ケミカルなどの企業でコンサルティングを行い、国際的に活躍。

C・K・プラハラード（C. K. Prahalad）
ミシガン大学ビジネススクール教授（企業戦略、国際ビジネス）。イーストマン・コダック、AT&T、ハネウェルなどの企業でコンサルタントとしても活躍。

必要となる考え方　12章　考え方を変える

未来についての仮説を立てる

4章産業の未来のイメージをする競争

仮説を設計する

5章　戦略設計図を描く

夢と経営資源の間の溝をつくる

6章　ストレッチ戦略

足りない経営資源で勝負する

7章　レバレッジ戦略

未来に一番乗りする

8章　未来への構想を有利に展開する競争
9章　未来への扉を開く

企業力の組み合わせを考える

10章　コア・コンピタンスを展望する

将来の需要をいち早く製品化

11章　確実に競争に勝つために

従来の競争……他の多くの戦略書はこの段階の競争が主要テーマであるため、本書では取り扱わない

競争力についての考え方を変える

- 国家間の競争を見通す
- 競争力の根拠を探る

戦略についての考え方を変える

- フォームに書き込む戦略
- 気長な資金と考えられる戦略

組織についての考え方を変える

- 本社と事業部の対立にとらわれない
- 中央集権化と分権化の対立にとらわれない
- 官僚主義と権限委譲の対立にとらわれない
- クローン人間と反逆者の対立にとらわれない
- 技術主導と顧客主導の対立にとらわれない
- 事業の多角化とコアビジネスの対立にとらわれない

『コア・コンピタンス経営』目次 体系マップ

競争の段階

1章 悪循環からの脱却
2章 未来のための競争
3章 過去を忘れる

未来のための競争

1. 未来をイメージする競争

・産業の推進力を深く考え、産業の未来を展望する
・創造的な視点を開き、これらがどのような進化を遂げるのかを探る
・視点を戦略設計図に描く

2. 構想を有利に展開する競争

・製品や事業よりも、強みとなる企業力の組み合わせを考える
・企業力の強化のため、市場からすばやく学習する能力をつくる
・将来の需要をいち早く知り（探索的マーケティング）、その市場の最大化をサポートするための販売網、開発力などの企業力を備える。

現状における競争

3. シェアを獲得する競争

『知識創造企業』

The Knowledge-Creating Company

野中郁次郎＋竹内弘高（著）
梅本勝博（訳）
東洋経済新報社 刊
本体価格 2000円

◆キーワード◆

① 知識創造
② 形式知、暗黙知
③ 共同化、表出化、連結化、内面化

機能別分類

ゼネラルマネジメント	
論理的思考	
技術経営・アントレプレナーシップ	○
ヒト（ヒューマンリソース・組織行動）	○
モノ（マーケティング）	
カネ（会計・財務）	
戦略	◎

キャリア職位別分類

初級者	◌
中級者（マネージャー）	◌
上級者（シニアマネージャー）	◎

1分解説

従来欧米では、知識は明白で形式的、体系的なもの、つまり形式知と考えられていたが、日本企業は知識を基本的には見えにくく、表現しづらい暗黙的なもの、つまり暗黙知としてとらえるという。

本書は、主として日本企業の分析に基づき、暗黙知を知識創造というコンセプトによって企画、製品開発、人事、生産、マーケティング、会計、財務等マネジメントのあらゆる分野を再構築しようという新たな経営学パラダイムを提唱している。

日本人が書いた経営書で世界で通用するものは数少ないが、本書は世界的に高い評価を受けている書籍である。経営戦略論の世界的権威であるマイケル・E・ポーターは、本書を日本から世界に向けて発信された「経営理論の真のフロンティア」と評価しており、またエコノミスト誌、ウォール・ストリート・ジャーナル紙などにおいても高い評価を受けている。ぜひ世界に誇る日本発の名著として読んでいただきたい。

要旨

知識は大きく分けると形式知と暗黙知がある。形式知とは、客観的な知識で形式的で言語によって伝達できる知識のことである。一方、暗黙知は、主観的な個人が持つ知識で、形式化を行ったり人に伝達するのが困難な知識のことである。

筆者が提唱する動的な知識創造モデルは、この2つの知識の社会的相互作用を通じて拡大されるというものである。それは、

①個人の暗黙知からグループの暗黙知を創造する「共同化」
②暗黙知から形式知を創造する「表出化」
③個別の形式知から体系的な形式知を創造する「連結化」
④形式知から暗黙知を創造する「内面化」

という4つのモードがある。そして時間を導入するとこれらが相互作用しスパイラルを生む。

もう一方の次元では、個人によって創造された知識

が相互作用によってグループ・レベル、組織レベルの知識に変換される。またスパイラルにより、組織レベルで創造された知識が事業部レベル、全社レベル、組織間レベルの知識に変換される。このようにしてイノベーションが生まれるのである。

また、本書の後半では組織的知識創造のために望ましいマネジメント・プロセスや組織構造について論じている。

著者が提唱しているのは、マネジメント・プロセスとしてはミドル（中間層）が、トップとラインマネジャーを結びつける役割を担い、トップが持つ理想と現場の社員が直面する生々しいビジネスの現実をつなぐ〝かけ橋〟になる「ミドル・アップダウン・マネジメント」である。

また、同時に組織構造としては通常の日常業務を行う「ビジネス・システム層」、開発などの知識創造活動を行う「プロジェクト・チーム層」、そしてこれら2つの層で創造された知識を組織全体の財産として共有するための「知識ベース層」の3つの層からなる知識創造を生むサイクルを育む「ハイパーテキスト型組織」が有効であるという。

読書メモ

◆ホンダ・シティのケースは、暗黙知を形式知に転換しているが、表現しにくいものを表現するために比喩や象徴を用いている、知識を広めるために個人の知が他の人にも共有される、新たな知識は曖昧さと冗長により創られるという3つの特徴がある。

◆松下電器のホームベーカリー開発ではチーフ・ベーカーのパン生地練りの技能といった暗黙知を「共同化」によって組織全体に広め、組織内部の境界を超えその知識を「移転」し、知識変換を促進する組織的要件を強化し、組織的知識創造が切れ間のない連続的イノベーションプロセスとした。

◆ミドル・アップダウン・マネジメントの好例は、キャノンのミニコピア開発である。キャノンは、ミドル・アップダウン・マネジメントを採用することで、ビール缶から得たヒントで、使い捨てカートリッジを適正な低コストで製造するプロセス技術を生み出すことができた。

◆シャープは、社員はビジネス・システム・レイヤーかプロジェクト・チーム・レイヤーのどちらか一方に属しているが、組織は、プロジェクト・チーム・レイヤーが完全にビジネス・システム・レイヤーから独立して、より完璧なハイパーテキスト型組織を形成している。

◆日産のプリメーラのケースは、日本人社員をヨーロッパに派遣して海外市場に関する暗黙知を身につけさせ（共同化）、製造ノウハウに関する日本の暗黙知を外国人に身に付けさせる（表出化）によって、知識創造を地球規模に拡大させたよい事例である。

◆実務家が組織的知識創造を行うためには、

①知識ビジョンを創る
②ナレッジ・クルーを編成する
③企業最前線に濃密な相互作用の場を作る
④新製品開発のプロセスに相乗りする
⑤ミドル・トップダウン・マネジメントを採用する
⑥ハイパーテキスト型組織に転換する
⑦外部世界との知識ネットワークを構築する

ことが重要である。

◆変換を実行するときの出発点は二項を相互補完的なものとして捉えるべきであり、二項対立（ダイコトミー）を超越せねばならない。

●著者プロフィール

野中郁次郎（**Ikujiro Nonaka**）

１９３５年生まれ。早稲田大学政治経済学部卒業。富士電機製造㈱勤務の後、カリフォルニア大学経営大学院（バークレー校）にてPh. D. 取得。南山大学経営学部教授、防衛大学校教授、現在一橋大学大学院国際企業戦略科教授。カリフォルニア大学バークレー校ゼロックス知識学特別名誉教授併任

竹内弘高（**Hirotaka Takeuchi**）

１９４６年生まれ。国際基督大学卒業。広告代理店勤務ののち、カリフォルニア大学経営大学院（バークレー校）にてMBA、Ph. D. 取得。ハーバード大学経営大学院助教授を経て、現在一橋大学大学院国際企業戦略研究科長・教授

本書の成果と二つの含意

第8章　実践的提言と理論的発見

「ミドル・アップダウン・マネジメント」～組織的知識創造に適した～

第5章　知識創造のためのマネジメント・プロセス

「ハイパーテキスト型組織」～知識創造に適した組織構造～

第6章　新しい組織構造

（事例）日産と新キャタピラー三菱～知識創造の地球規模的拡大～

第7章　グローバルな組織的知識創造

実務的提言

実務家が組織的知識創造を行う際のガイドライン

1）知識ビジョンを創る
2）ナレッジ・クルーを編成する
3）企業最前線に濃密な相互作用の場を作る
4）新製品開発のプロセスに相乗りする
5）ミドル・トップダウン・マネジメントを採用する
6）ハイパーテキスト型組織に転換する
7）外部世界との知識ネットワークを構築する

理論的発見

二項対立（ダイコトミー）を超越し、相互補完的な二項と見る必要性

1.　暗黙的／明示的
2.　身体／精神
3.　個人／組織
4.　トップダウン／ボトムアップ
5.　ビューロクラシー／タスクフォース
6.　リレー／ラグビー
7.　東洋／西洋

『知識創造企業』目次　体系マップ

知識創造の理論 → 知識創造の実践

- **西洋と日本のマネジャーの相違**　第1章　組織における知識ー序論
- **知識の理論的基礎**　第2章　知識と経営
  - 経済学、経営学、組織論における主要な理論の批判と「新しい知識を創造する」ダイナミックなイノベーション論の必要性
- **組織的知識創造の理論**　第3章　組織的知識創造の理論
  - **認識論的次元**
    - 知識変換の4つのモード
      ①「暗黙知から暗黙知へ（共同化）」
      ②「暗黙知から形式知へ（表出化」
      ③「形式知から形式知へ（連結化）」
      ④「形式知から暗黙知へ（内面化）
      の変換とその相互作用によるスパイラル
  - **存在論的次元**
    - ①個人によって創造された知識の相互作用による「グループレベル」、「組織レベル」の知識への変換
      ②組織レベルで創造された知識の「事業部レベル」、「全社レベル」、「組織間レベル」への知識への変換
- **（事例）松下電器の自動パン焼器**　第4章　知識創造の実例

〝ゲーム理論を活用した戦略領域の協調戦略に関する研究〞

『ゲーム理論で勝つ経営』

競争と協調のコーペティション戦略

Co-Opetition

バリー・J・ネイルバフ＋
アダム・M・ブランデンバーガー（著）
嶋津祐一＋東田啓作（訳）
日本経済新聞社 刊（日経ビジネス人文庫）
本体価格 905円

◆キーワード◆

① ゲーム理論
② 意思決定
③ 価値相関図
④ プレイヤー・付加価値・
ルール・戦術・範囲（PARTS）

機能別分類

ゼネラルマネジメント	
論理的思考	
技術経営・アントレプレナーシップ	○
ヒト（ヒューマンリソース・組織行動）	
モノ（マーケティング）	
カネ（会計・財務）	○
戦略	◎

キャリア職位別分類

初級者	◌
中級者（マネージャー）	◌
上級者（シニアマネージャー）	◎

1分解説

もともと『コーペティション経営』というタイトルで日本経済新聞社より単行本として翻訳出版されていたが、文庫化された際に『ゲーム理論で勝つ経営』とよりわかりやすいタイトルへ変更された。ゲーム理論を活用した成長戦略をベースにした主張が元になっている。

ビジネスは戦争に例えられる。「競争業者に打ち勝つ」、「市場シェアを奪い取る」、「顧客は逃すな」、などの表現は戦争を連想させ、グローバル化と競合の出現でますます競争の視点も重要になってきているともいえる。

しかし、現代のビジネスにおいては、必ずしもそれが当てはまらないケースもある。供給業者と良好な関係を構築する、同業他社との戦略的連携を結ぶなど必ずしも戦争ではない場合も存在するのである。

本書は、競争と協調の新しい枠組みを提供することを目的としている。筆者の言葉を借りれば、「ビジネスは『パイ』を作り出すときは協力し、その『パイ』を分けるときには競争する」というのがビジネスの本質である。このような競争と協調の枠組みを「コーペティション経営」と名づけている。コーペティション(co-opetition)は、co-operationとcompetitionをつなげて短縮した造語であるが、競争相手を打ち負かすだけでなく、自社のゲームを有利なものに構築する方策をゲーム理論を用いて展開している。

要旨

協調と競争を同時に展開するにはゲーム理論を活用する。ゲームのために、まずは各プレイヤー間での協調と競争を分析する。その分析のために「価値相関図(Value Net)」と呼ばれる図を作成し各プレイヤー間の相互依存関係を明確化する。そしてゲーム理論を活用する。

自社を有利に展開するためにはゲームを変えていかなければならない。ゲームを変えるには、5つの基本要素のうち、少なくとも1つの要素を変える必要があ

るという。筆者が挙げる基本要素とは、
①Players（プレイヤー）
②Added Values（付加価値）
③Rules（ルール）
④Tactics（戦術）
⑤Scope（範囲）
の5つで、それぞれの頭文字をとり「PARTS（パーツ）」と呼ばれる。

本書の第二部では、これらのそれぞれの要素について各1章ずつ割り当て、それぞれの要素を自社の都合のよいように変える方策を詳細に解説している。

また、ビジネスにおけるゲームは他のゲームと違って常に変化している。ゲームは常に進行中であり、すぐに新しい状況が生まれる。さらに他のプレイヤーもゲームを変えようとしているため、変化に適応して常にゲームを変更していくことが必要である。最終章で、5つの各要素について、ゲームを変えるためのチェックリストを記述している。

読書メモ

◆ビジネスは、「戦争」であると同時に「平和」である。そして戦争と平和は同時に起こる。

◆大学の価値相関図を見てみると、顧客は学生・両親・政府・ドナーなど、競争相手は他大学・企業・病院・博物館など、供給者は教授・職員・出版社・経営管理者など、補完的生産者は他大学・高校・コンピューター・住居・ホテル・地域企業などになる。

◆任天堂は付加価値を変えた。供給不足のゲームを作り上げることによって、トイザラスなどの買い手の付加価値を下げた。保護チップや1年間に5種類のゲームしか作れないという契約条項を盛り込むことによりソフトウエア開発者の付加価値を下げた。

◆GMはGMカードに注力することでルールを変えた。それはGMカードの保有者は、カードでの支払いの5%分をGM自動車の購入やリースから割り引いてもらえるというものだった。GMはGMの自動車を好む人だけに割引を行い、効果的に2種類の価格を設定したことを意味する。それによってフォードが価格を引き上げることができ、GM、フォードともに価格を安定させることができたという双方が勝つゲームである。

◆マイクロソフトのプレゼンテーションソフトであるパワーポイントは、ハーバード・グラフィックスに水をあけられていた。マイクロソフトは、売上向上のため価格を引き下げたが、それにより品質が劣ると買い手には認識された。そこで戦術を転換し、価格を据え置き、ワードやエクセルと共に「マイクロソフトオフィス」というセットの中に組み込むことで、３９０ドルもするプレゼンテーションソフトがただでついてくると認識させ、現在のプレゼンテーションソフトでトップの地位を維持している。

◆セガは範囲を変えることで成功した。８ビットゲームは任天堂に独占されていたため、音、画像で優れ、価格も高い16ビットゲームで参入し、市場リーダーとなった。

◆日本の武道である柔道は、一般的に体重が重い者のほうが強い。しかし、相手の体重を利用して闘うこともできる。つまり、敵の強さを弱さにするということである。ビジネスにおける「柔道戦略」とは、既存企業の強さを不利な条件に変えてしまうことによって、挑戦者がチャンスを得る戦略をいう。たとえば、セガ・エンタープライズがビデオゲーム界のリーダーである任天堂を倒したケースなどがその例である。

◆コーペティションによって、創造性が刺激され、ビジネスを先見性のあるものにし、ビジネスをより利益が大きく、個人的満足が得られるものにできる。

●著者プロフィール

バリー・J・ネイルバフ（Barry J. Nalebuff）

エール大学スクール・オブ・マネジメント教授。『Thinking Strategically』（邦訳『戦略的思考とは何か』阪急コミュニケーションズ刊）の共著者。アメリカン・エキスプレス、シティバンク、マッキンゼー、プロクター・アンド・ギャンブルなどのコンサルタント

アダム・M・ブランデンバーガー（Adam M. Brandenburger）

ハーバード・ビジネススクール教授。インテル、フェデリティ、ハネウェル、メルク等、ゲーム理論を経営レベルで実際に応用している企業で実績を上げている。

第Ⅱ部
戦略における「PARTS」

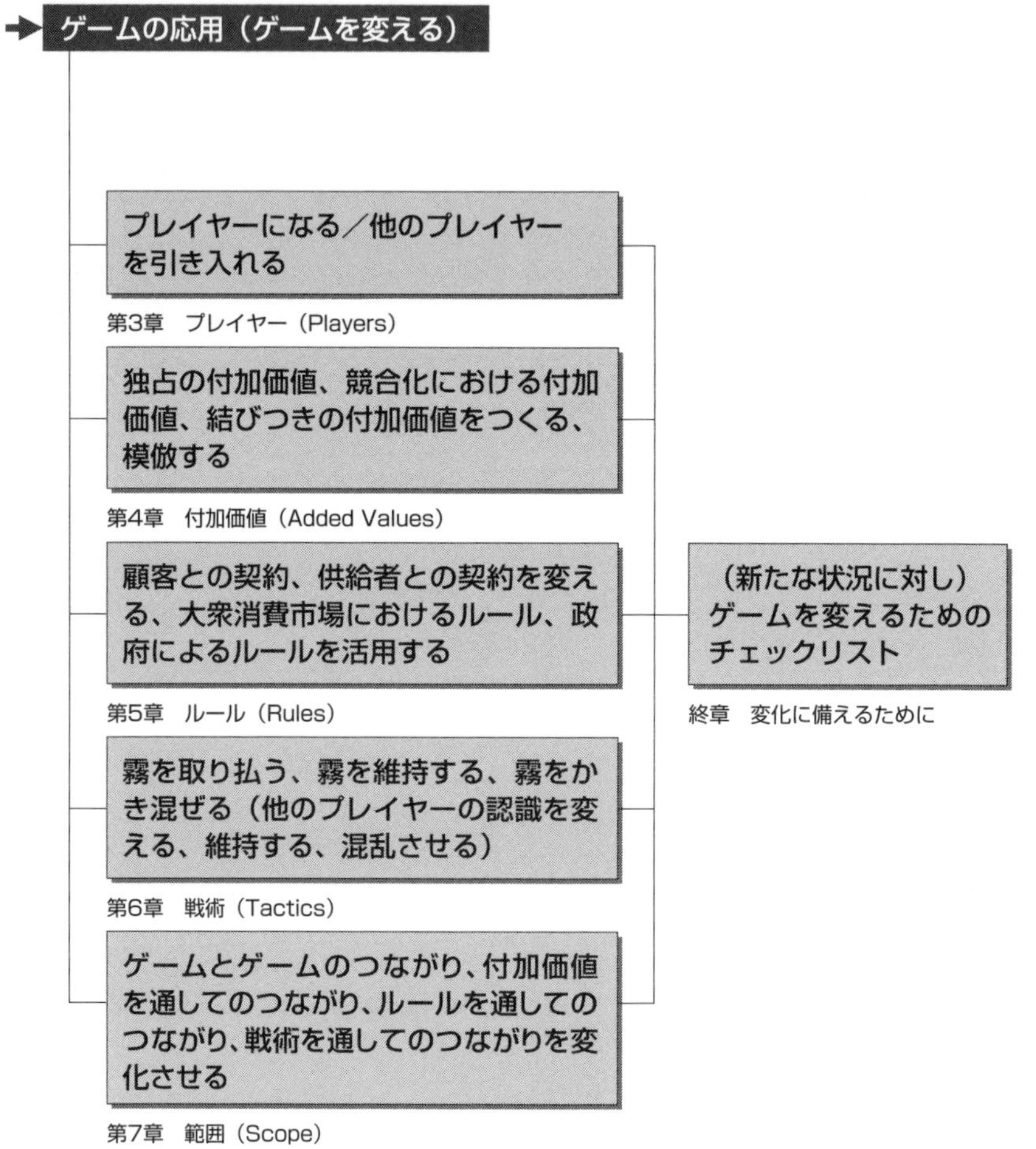
ゲームの応用（ゲームを変える）
プレイヤーになる／他のプレイヤーを引き入れる
第3章　プレイヤー（Players）
独占の付加価値、競合化における付加価値、結びつきの付加価値をつくる、模倣する
第4章　付加価値（Added Values）
顧客との契約、供給者との契約を変える、大衆消費市場におけるルール、政府によるルールを活用する
第5章　ルール（Rules）
霧を取り払う、霧を維持する、霧をかき混ぜる（他のプレイヤーの認識を変える、維持する、混乱させる）
第6章　戦術（Tactics）
ゲームとゲームのつながり、付加価値を通してのつながり、ルールを通してのつながり、戦術を通してのつながりを変化させる
第7章　範囲（Scope）
（新たな状況に対し）ゲームを変えるためのチェックリスト
終章　変化に備えるために

『ゲーム理論で勝つ経営』目次　体系マップ

第Ⅰ部
ビジネスにおけるゲーム：ゲームの概要

ゲームの基礎

コーペティション経営の概略（競争と協調を同時に行う必要性）

序章　ビジネスは「戦争と平和」

プレイヤー間の競争と協調を分析するための「価値相関図」

第1章　「コーペティション（Co-opetition）」の考え方

コーペティションを行うためのゲーム理論と5つの基本要素

第2章　「力」はどのように決定されるか―ゲーム理論

- ①プレイヤー
- ②付加価値
- ③ルール
- ④戦術
- ⑤範囲

“長期的に優れた企業を研究”

『ビジョナリー・カンパニー』

時代を超える生存の原則

BUILT To LAST：SUCCESSFUL HABITS OF VISIONARY COMPANIES

ジェームズ・C・コリンズ＋
ジェリー・I・ポラス（著）
山岡洋一（訳）
日経BP出版センター 刊
本体価格 1942円

◆キーワード◆

① 戦略

② リーダーシップ

機能別分類

ゼネラルマネジメント	○
論理的思考	
技術経営・アントレプレナーシップ	○
ヒト（ヒューマンリソース・組織行動）	○
モノ（マーケティング）	
カネ（会計・財務）	
戦略	◎

キャリア職位別分類

初級者	◌
中級者（マネージャー）	◌
上級者（シニアマネージャー）	◎

1分解説

優れた企業を選んでその強さを分析した書『エクセレント・カンパニー』に掲載された企業の多くがその後不振にあえいでいたり、市場から撤退したりしている。そのような中・短期的でなく、長期的に時代を超えて優れた18社を選んで徹底的に分析し、企業を成功へと導く本質を解明したのが本書『ビジョナリー・カンパニー』である。１９９４年に出版され、全米で１００万部を超えたミリオンセラーとなった。

本書は、持続的な繁栄を続けるために、企業は基本理念と進歩への意欲を組織の隅々にまで浸透させなくてはならないとする。そのため、組織やチーム、そして個人の目標、戦略、行動、給与体系といったあらゆる制度やそれらの制度を支える具体的な施策が、明確な一貫性と整合性を持って運用されることが必須であるということを提示している。

経営の流行に流されたり、技術的な戦略論に振り回されがちな経営者に多大な影響を与えた名著である。

要旨

本書はまず冒頭で、これまで卓越した企業を作り上げるために必要であると信じられていた12の神話を挙げている。たとえば、「すばらしい会社を始めるには、すばらしいアイデアが必要である」「ビジョナリー・カンパニーには、ビジョンを持った偉大なカリスマ的指導者が必要である」「特に成功している企業は利益の追求を最大の目的としている」「ビジョナリー・カンパニーには、共通した正しい基本価値がある」「変わらない点は、変わりつづけることである」「優良企業は危険を冒さない」「ビジョナリー・カンパニーは誰にとってもすばらしい職場である」「大きく成功している企業は、綿密で複雑な戦略を立て、最善の動きをとる」「根本的な変化を促すには、社外からＣＥＯを迎えるべきだ」などである。

しかし、詳細なリサーチの結果、著者はその神話はすでに崩れていることを論じ、なぜどのように崩れていったのかを証明している。特にその中から柱として

４つの重要な概念が示されている。

①時を告げる預言者になるな。時計を作る設計者になれ（自らが設計者となること。カリスマ経営者はいらない）。

②ＡＮＤの才能を重視しよう（ＡとＢのどちらかではなく、両方できる第３のオプションを考える）。

③基本理念を維持し、進歩を促す（闇雲に変化し続けることが重要ではない。自分達にとって最重要な理念はブレてはいけない）。

④一貫性を追求しよう（理念やビジョンと行動、ルールなどに矛盾があってはいけない）。

特に、最後の「一貫性を追求しよう」が大前提として重要になってくるものであろう。たとえば、基本理念であるが、偉大な企業の理念はしばしば正反対のものもあったという。つまり理念の内容ではなく、理念がいかに深く信じられているか、そして、会社のあらゆる細かい部分までいかに一貫して理念が実践されているかが重要だという。

すばらしい会社にまつわる12の神話を崩し、現実を凝視しながら最も重要な柱をブレずに進むことを提示し、ビジネスパーソンがビジョナリー・カンパニーを作り上げるのに重要な示唆を与えている。

読書メモ

◆具体的な事業に関するアイディアを持つことはすばらしい会社を作る必要条件ではない。むしろある事業アイディアを、確実に、そして継続的に具現化できるだけの重要な共通理念を持ち、それに伴う行動を促す一貫性のあるルールとそれらに共感する組織をつくることこそがすばらしい会社をつくる必要条件である。

◆すばらしい会社にはビジョンを持ったカリスマリーダーは必要ない。偉大な指導者よりも、むしろ長期的な展望に立って長く続く組織をつくることに注力するリーダーが必要である。

◆成功している会社は単なる利益を超えた基本的価値観や目標などの基本理念を重視しながら、結果として（長期的な）利益を挙げている。

◆成功する会社に「共通した」基本的価値観は存在しない。むしろ、各企業ごとに設定され、それが単なる

お題目に終わらずに、組織の隅々まで行動に落とし込まれた一貫性のある各企業ごとの基本的価値観が存在する。

◆闇雲に変革してはいけない。企業が成功し続けるためには戦術こそ変わりつづけても、基本的価値感は決して変えてはいけない。

◆必ずしも保守的な会社が成功しているのではなく、不確実性の高い世界において重要な局面で大胆な目標を掲げ、リスクをとっている会社が成功している。

◆すばらしい会社は誰にとってもすばらしいわけではない。存在意義や達成すべきことが基本的価値観と目的で設定されているため、これらの理念に共感するものだけが、すばらしい職場として活き活きと活躍できる。

◆すばらしい会社は、綿密で複雑な戦略よりもむしろ、柔軟性を持ち数多くのチャレンジをし、その中から残った数少ない成功例を柱として計画をつくっている。

◆すばらしい会社の約1700年の歴史の中で、社外からCEOを採用した例は2社、計4回のみであり、この基本的価値観や目的といった理念を共有する同士の重要性を示している。

◆すばらしい会社は、競争相手よりもむしろ自分自身との競争に勝つことを最重要視している。競争相手をいくら引き離そうが、満足する最終地点は存在しない。

◆すばらしい会社は、常に二者択一ではなく、良いものを同時に複数追求することを前提に方法を考える。

◆すばらしい会社をつくるためには基本理念を実際に現場で浸透させるために何千もの細かい手段を使って活動を継続的に行っている。

●著者プロフィール

ジェームズ・C・コリンズ（James C. Collins）

スタンフォード大学教授。マッキンゼー&カンパニー、ヒューレットパッカードでもキャリアの経験を持つ。

ジェリー・I・ポラス（Jerry I. Porras）

スタンフォード大学教授。組織開発やリーダーシップなど、組織論専門。陸軍、ロッキード、ゼネラルエレクトリック（GE）でのキャリア経験を持つ。本書のデータ収集・分析手法をベースにしたソフトウェア『オーガニゼーション・ストリーム・アナリシス』の共同開発者でもある。

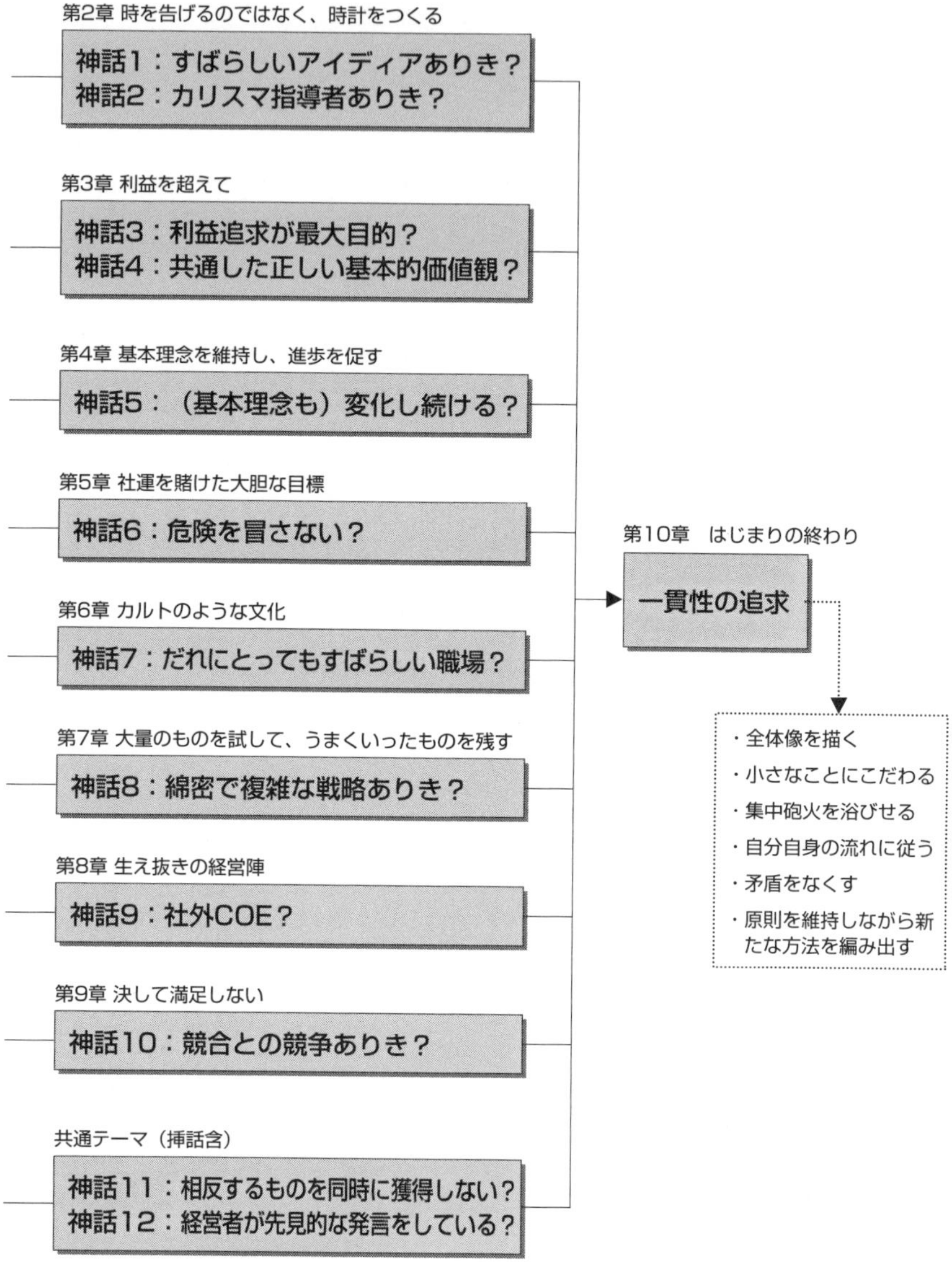
第2章 時を告げるのではなく、時計をつくる
神話1：すばらしいアイディアありき？
神話2：カリスマ指導者ありき？
第3章 利益を超えて
神話3：利益追求が最大目的？
神話4：共通した正しい基本的価値観？
第4章 基本理念を維持し、進歩を促す
神話5：（基本理念も）変化し続ける？
第5章 社運を賭けた大胆な目標
神話6：危険を冒さない？
第6章 カルトのような文化
神話7：だれにとってもすばらしい職場？
第7章 大量のものを試して、うまくいったものを残す
神話8：綿密で複雑な戦略ありき？
第8章 生え抜きの経営陣
神話9：社外COE？
第9章 決して満足しない
神話10：競合との競争ありき？
共通テーマ（挿話含）
神話11：相反するものを同時に獲得しない？
神話12：経営者が先見的な発言をしている？
第10章　はじまりの終わり
一貫性の追求
・全体像を描く
・小さなことにこだわる
・集中砲火を浴びせる
・自分自身の流れに従う
・矛盾をなくす
・原則を維持しながら新たな方法を編み出す

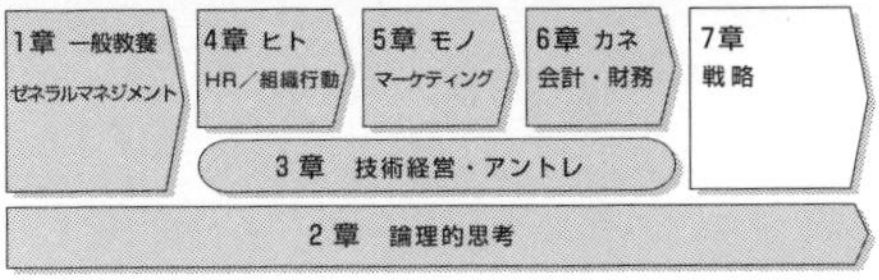

『ビジョナリー・カンパニー』目次　体系マップ

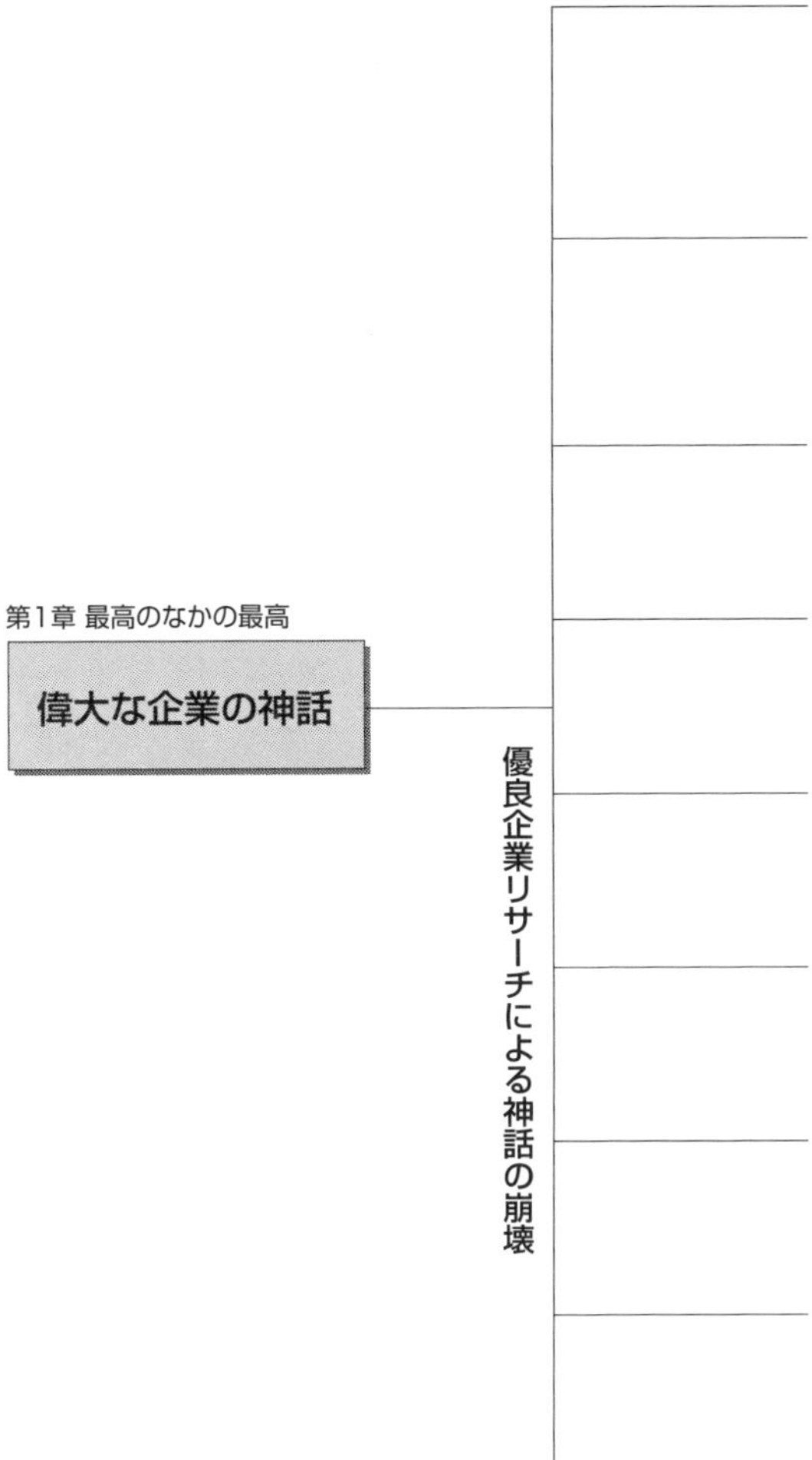

“財務会計分野以外の指標も含む戦略実行ツール”

『キャプランとノートンの戦略バランスト・スコアカード』

THE STRATEGY - FOCUSED ORGANIZATION

ロバート・S・キャプラン＋
デビット・P・ノートン（著）
櫻井通晴（監訳）
東洋経済新報社 刊
本体価格 3400円

◆キーワード◆

① バランスト・スコアカード
② 戦略マップ
③ 財務の視点、顧客の視点、内部ビジネスプロセスの視点、学習と成長の視点

機能別分類

ゼネラルマネジメント	
論理的思考	
技術経営・アントレプレナーシップ	
ヒト（ヒューマンリソース・組織行動）	○
モノ（マーケティング）	○
カネ（会計・財務）	○
戦略	◎

キャリア職位別分類

初級者	◌
中級者（マネージャー）	◌
上級者（シニアマネージャー）	◎

1分解説

著者であるキャプランとノートンは、本書の前に『バランス・スコアカード』（生産性出版刊）を1996年に出版（19カ国語に翻訳）しているが、そのときは、バランスト・スコアカードの目的は、業績測定問題を解決することにあった。

しかし、実際に導入企業を見てみると、業績の測定よりさらに重要な戦略の実行を目的としてバランスト・スコアカードを導入していた。つまり、戦略とアクション（行動）のギャップを埋め、具体的な活動につなげていくためのフレームワークとして、戦略とアクションとの関連付けを明確にし、その上で、効果測定に活用することで導入企業は、1、2年の間で大きく業績を向上させていた。

本書では、このような導入事例を踏まえて、企業が重要なマネジメント・プロセスを戦略に方向づけ、戦略を実行し、大幅な業績向上に役立つための論理的で包括的なアプローチを提供している。事例や文献を豊富に提供しているのが特徴で、これから実際にバランスト・スコアカードを導入する企業や導入を支援するコンサルタントには必読の書であるといえる。

要旨

経営環境を的確に分析し、策定された有効な戦略が実行されないことが多い。それは戦略が日々変化しているにも関わらず、戦略を測定するツールがそれに追いついていなかったからである、といわれている。

これまでは単に投資と、投資の成果や効率を管理する財務的業績評価指標のみをベースにすることが多かったが、長期的な視点に基づき、競争が激化した市場の中で生き残るためには継続的な発展を支える競争優位を構築する必要がある。そして、そのためには財務的業績評価指標だけではなく、財務指標に魂を吹きかける意志の入った他の基準も設定し、実現を図る必要があると言う。その基準こそが、「①財務的視点」に加えて、「②顧客の視点」、「③社内ビジネスプロセスの視点」、そして、「④学習と成長の視点」を含めたバランスト・スコアカードの4つの柱であった。

一方、単に業績評価の新たなツールとしてではなく、企業のビジョン・戦略を各階層の意識や方向性の具体化を図るために、このバランスト・スコアカードを戦略に組み込み、戦略のマネジメントを行うツールとして、戦略の実効性を支援する機能を果たさせることが重要であるとしている。

特に、そのために忘れてはいけないポイントを、キャプランとノートンは5つの原則として、具体的な事例とともに詳述している。つまり、大前提として押さえておかなければならないことは、まず、①戦略を（「戦略マップ」によって）現場の言葉に置き換え、②組織内のシナジーを生むために組織全体を戦略に向けて方向付けた上で、③戦略を全社員の日々の業務に落とし込み、④その戦略を継続的なプロセスにするために効果測定とそれに伴う計画の微調整を行うプロセスを固めながら、⑤戦略の実効性を担保するためにエグゼクティブのコミットメントとリーダーシップとともに変革を促す、といった5つである。この5つの原則を忠実に実行することで、単なる業績評価の1ツールとしてのバランスト・スコアカードではなく、戦略的マネジメントシステムとして、戦略の実行を飛躍的に支援する強力なガイドとして検証した。

読書メモ

◆1980年代に行われた経営コンサルタント調査では、有効に策定された戦略の10％以下しか成功裏に実行されなかったという。

◆マネジメントチームの85％は戦略を議論するための時間を1カ月あたり1時間以上費やすことはない。

◆全社レベルのスコア・カードは、全社レベルの全社的なテーマと本社の役割という2つの戦略の要素を明確にする必要がある。

◆「全社的なテーマ」すべての戦略的ユニットで共有するべき価値、信念、理念

◆「本社の役割」戦略的ユニットにまたがる顧客に対するクロスセリング、共通の技術の共有、本社ビジネスプロセスの提供のような戦略的ユニットレベルのシナジー（相乗効果）を創造するために本社が権限を持

つ行動。

◆従業員に戦略を意識させるために、企業は、
①コミュニケーションと教育
②個人の目標やチームの目標を開発すること
③インセンティブと報酬制度
という3つの異なったプロセスで、バランスト・スコアカードを活用することが必要である。

◆個人レベルのバランスト・スコアカードは、
①全社目標と業績測定尺度
②全社目標を特定の目標に落とし込むための箇所
③個人やチームが自分たちの目標とそれを達成するためのステップ
という3つのレベルの情報が入れられる。

◆戦略の導入に関して、大幅な権限委譲が必須となる。（10（シニア・エグゼクティブのチーム）から一万（会社の全従業員）への権限委譲）。

バランス(ト)・スコアカードの目的の推移

●当初の目的	“業績測定問題を解決すること” ・財務的業績評価指標に加え、顧客の視点、社内ビジネスプロセスの視点、学習と成長の視点も考えて文字通りバランスよく指標（KPI：Key Performance Index）を設定することの重要性を説いた。
	↓
●現在の目的	“戦略の実行を促すこと” ・単に業績評価のツールとしてではなく、企業のビジョン、戦略を現場のプロセスに落とし込む（橋渡しの）ツールとして重要。そのため、戦略を現場の言葉に置き換える『**戦略マップ**』が重要であることを説いた。

●著者プロフィール

ロバート・S・キャプラン（Robert S. Kaplan）
ハーバード・ビジネススクール教授。前カーネギーメロン大学産業経営大学院教授、1977年から1983年までは同大学院院長。

デビッド・P・ノートン（David P. Norton）
バランスト・スコアカードに関する研究・普及活動を行う、バランスト・スコアカード・コラボレイティブの社長

戦略を記述・実行するための因果関係を明らかにする

3章　戦略マップの構築
4章　営利企業における戦略マップの構築
5章　非営利組織、政府、ヘルスケア機関の戦略スコアカード

組織横断的にBSCを活用する

6章　ビジネス・ユニットのシナジー創造
7章　シェアードサービスを通じてのシナジーの創造

成果連動型報酬制度と結びつける

8章　戦略意識の高揚
9章　個人レベルとチーム・レベルの目標を定義づける
10章　バランスト・スコアカードにもとづく報酬制度

戦略の微調整を含めたフィードバックプロセスを確立する

11章　計画設定と予算管理
12章　フィードバックと学習

4つの原則を実現させるためのリーダーシップ

13章　リーダーシップと活性化
14章　失敗を回避する留意点

『キャプランとノートンの戦略バランスト・スコアカード』目次　体系マップ

戦略思考の組織体の5原則

1章　戦略実行のためのバランスト・スコアカードの導入
2章　モービルはいかに戦略思考の組織体へと変貌したか（事例研究）

- 原則1（第1部）戦略を現場の言葉に置き換える
- 原則2（第2部）シナジーを創造するために組織体を方向付ける
- 原則3（第3部）戦略を全社員の日々の業務に落とし込む
- 原則4（第4部）戦略を継続的なプロセスにすること
- 原則5（第5部）エグゼクティブのリーダーシップによって変革を促す

【編著者紹介】

グローバルタスクフォース（GTF）株式会社
世界18カ国の主要経営大学院54校が共同で運営する35万人の公式MBA同窓生組織「Global Workplace」（本部：ロンドン）から生まれたプロジェクト支援組織。

MBA同窓生を中心に、MBA以外のビジネスパーソンに対しても、リーダー３種の神器である、①人脈、②キャリア経験、③知識をバランスよく構築できるインフラを提供する。日本では、雇用の代替としての非雇用型人材支援サービス「エグゼクティブ・スワット」を世界に先駆けて展開。大手企業グループ合併後の新会社経営企画本部内チーム常駐支援やベンチャー企業常駐支援など、多くのプロジェクト実績を持つ。

毎月第一金曜日開催のパワーブレックファースト・ミーティング（Tokyo Early Bird）や毎年２回開催のMBA&ビジネスリーダーネットワーキングイベントなどで、組織を超えた人脈をつくる機会を提供するほか、継続的に知識をブラッシュアップさせるポストMBAセミナーや統一マネジメントテスト（M.E.T.）の作成、eラーニング（通勤大学MBA実践力養成講座）、携帯テスト（一問一答MBA）などの提供を行なう。

また、学びながらキャリアアップを目指すビジネスリーダー候補の支援を目的に、WEBサイト「日経Biz GTF」（http：//www.global-taskforce.net/nikkei）を日経グループと共同で運営。

著書に『通勤大学MBA』シリーズ、『通勤大学実践MBA』シリーズ、『MBA100人に聞いた英語習得法』、『MBAコンセプト手帳2004年度版』『思考武装　知識をスキル化するための６つの実践力トレーニング』、『ポーター教授「競争の戦略」入門』『意思決定力が身につくトレーニングノート』（以上、総合法令出版）、『図解　わかる！MBAマーケティング』（PHP研究所）などがある。

公式URL=http：www.global-taskforce.net

あらすじで読む世界のビジネス名著

2004年8月6日　初版発行

編著者　グローバルタスクフォース（株）

発行者　仁部　亨

発行所　総合法令出版株式会社

〒107-0052　東京都港区赤坂1-9-15　日本自転車会館2号館7階

電話　03-3584-9821（代）

振替　00140-0-69059

印刷・製本　中央精版印刷株式会社

 ISBN4-89346-857-X
Printed in Japan

落丁・乱丁本はお取替え致します。
総合法令出版ホームページ　http://www.horei.com